AMOR POR INTERNET: ASI CONOCI A MI ESPOSA

NOTAS DOCUMENTARIAS DE MIS VIAJES

Por Dennis Cleasby

Titulo Original: Internet Love: How I Met My Wife
A Travel Documentary

Publicado en los Estados Unidos por
Cathedral Art Gallery Records L.L.C.
P.O. Box 808, Glenwood Landing, NY, USA 11547-0808

Ilustración y texto: ©, 2008 Dennis Cleasby
La moral y los derechos éticos del autor han sido acertados.

Traducción: Sandra Monica Salazar Ardila, Diana Ergen.

Mi más profunda gratitud a mi hermana Constance por ayudarme a corregir el libro.

Reservados todos los derechos. Queda rigurosamente prohibida sin la autorización escrita de los titulares del "Copyright", bajo las sanciones establecidas en las leyes, la reproducción parcial o total de esta obra por cualquier medio o procedimiento, incluidos la reproducción y el tratamiento informativo, así como la distribución de ejemplares mediante alquiler o préstamo públicos

Lo invitamos también a comprar una versión grande de este libro en su Primer Edición (ISBN 978-0-9817015-0-9) de un tamaño de 8.5 x 11 con 184 páginas de arte y fotografías a todo color por su autor.
Contacte: www.denniscleasby.com
Este libro fue compuesto en iWorks/Pages, y Adobe Acrobat
Las fotografías fueron tomadas con una cámara Olympus E-300
Librería del congreso número 2008903142
Tercera edición. Impreso en los Estados Unidos
ISBN-13:978-0-9817015-2-3
ISBN-10:0-9817015-2-3

*PARA DIANA
QUIEN HA ABIERTO MUCHAS
PUERTAS A LA FELICIDAD*

INTRODUCION POR DIANA CLEASBY

En éste libro Dennis quiere compartir con el mundo una pequeña parte de su vida conmigo (una extranjera de Colombia) y nuestro matrimonio, nunca creímos que íbamos a encontrar amor verdadero hasta que nos encontramos a través del Internet, en nuestro matrimonio hemos tenido buenos y malos tiempos pero día a día nuestra relación crece y construimos nuestra historia, somos gente común y corriente que han separado los obstáculos entre dos diferentes países, culturas y lenguaje; en estos tiempos tan modernos si existe el amor verdadero, el nuestro es una de esas historias, te invitó a leer este libro, para que conozcas algo de nuestras vidas ,nuestra historia de amor.

CONTENIDO

Capítulo 1: EL COMIENZO ....Pág   6
Capítulo 2: CITAS ELECTRONICAS................................Pág 17
Capítulo 3: LA BODA..Pág 25
Capítulo 4: LA LUNA DE MIEL.......................................Pág 35
Capítulo 5: CULTURA...Pág 49
Capítulo 6: INTIMIDAD..Pág 56
Capítulo 7: LENGUAJE...Pág 61
Capítulo 8: MANEJO A LA DEFENSIVA........................Pág 68
Capítulo 9: IRLANDA...Pág 75
Capítulo 10: NOTAS DE COSTA RICA............................Pág 90
Capítulo 11: NOTAS DE COLOMBIA Primera parte.........Pág 117
Capítulo 12: NOTAS DE ECUADOR.................................Pág 133
Capítulo 13: NOTAS DE COLOMBIA Segunda parte........Pág 149
Capítulo 14: NOTAS DE PANAMA....................................Pág 166
Capítulo 15: NOTAS DE COSTA RICA............................Pág 194

CAPITULO 1: EL COMIENZO

El sonido de una voz de mujer es como el canto de un ave, ese canto es la voz de mi esposa. Ella resuena como la canción de un pájaro, me maravillo al escucharla. Ella me hace sentir como cuando un niño descubre la vida por primera vez. Mi esposa Diana es de Colombia, por mucho tiempo no escuchamos nuestras voces porque usamos el correo electrónico, a pesar de esto su tono de voz llego a través de sus cartas. Siempre me han gustado las personas extranjeras, tenía una buena premonición ese día, mi destino estaba diseñado para un tipo de persona especifica el cual yo estaba buscando. La computadora fue mi compás y mi herramienta en esta búsqueda. En el pasado, una serie de malas relaciones, pequeños fracasos, y un poco de buena suerte me llevaron a conocer a mi esposa.

En el poco tiempo que llevamos casados hemos viajado a muchos países, por ejemplo a toda América e Irlanda. Encontramos el amor profundo y ese amor crece día a día. Todas las fotos de este libro las he tomado en nuestros viajes, también mientras viajo pinto acuarelas. Hay críticos escépticos que no creen en nuestra relación. Teníamos muchas personas y cosas en nuestra contra, pero el desafío sigue vivo esta historia de nuestras vidas.

Tal vez unas de las razones de este libro es dar a conocer la historia de nuestras vidas y dejarles saber de lo bueno y lo malo que estamos viviendo. Nuestros sentimientos íntimos nos curan y nos crean un sentido de balance en medio de nuestros logros y fracasos en la vida. Buscar nuestra alma creativa invita a los adultos a relajarse y volver a ser niños de nuevo. Esto no es un manual para buscar esposa, es una aguja en un pajar de historias románticas. Nuestra historia es universal para los desafíos que una relación conlleva y lo que pasa cuando el polvo inicial del amor se calma.

Cuando era joven yo prefería el arte realístico. Yo pinto y tomo fotos de cosas reales, también prefiero la literatura realística donde los escritores que hablan de la vida tal como la ven y la viven. He sido capaz de trabajar en mi matrimonio sin saber conllevar los sufrimientos que llegan cuando uno se casa con una mujer veinte años más joven que uno, de una cultura distinta, de un lugar que es menos complicado y en muchas formas mas puro, como mi vida.

Estaba activamente buscando y mirando por la persona correcta, sabía que no iba a hacer fácil, no buscaba por alguien que remediará mi situación, buscaba por las características correctas en una persona donde el crecimiento en una relación franca fuera el potencial más grande. Tres años atrás había salido de una larga y mala relación. Está relación fue bien dañina para mi vida, nunca creí que me pudiera casar con Diana. Yo había sufrido un matrimonio de 30 años, y sabía que no quería a alguien igual a la persona con quien había vivido antes. Yo sabía de antemano que viajaría por el mundo para encontrarla, y después de seis meses en la computadora y muchas llamadas telefónicas fui a Colombia a ver quién en realidad era esta mujer.

Yo siempre he tomado notas en un cuaderno y parte de este libro (la segunda mitad) será sobre algunos viajes, mientras la primera parte es una biografía directa sobre mi nuevo matrimonio y la consagración que me ha llevado esta relación; también escribo cuando siento que floto en el aire montado en mi canoa cerca de mi casa en Long Island. Yo siempre he escrito. En 1965 yo viaje a Pakistán con mi familia, allá empecé a escribir y solo tenia 14 años. En ese momento solo lo hacia para mantener algunas notas de lo que veía mientras viajábamos. Desde entonces he mantenido la misma disciplina de escribirlo todo (ahora tengo 43 años) para mantener este ritual. Ahora mis escritos tienen dos modelos distintos de expresión entre escribir en la computadora, nada fácil, cuando se está en una canoa y escribir a mano mis pensamientos internos cuando medito. Ir en mi canoa y escribir son dos de las cosas que me atraen, esto me da mucha paz. No es mi costumbre estar en mi canoa para hacer deporte, sino solo para meditar y descansar mi alma.

Este es una de las notas más recientes desde que me case:

AMOR POR INTERNET: ASI CONOCI A MI ESPOSA

Cuando vuelvo acá, al agua, el sentimiento es distinto, no me siento solo. En el pasado, mucho de mi tiempo lo pasaba sufriendo de soledad, es increíble sentirse solo y estar viviendo con otra persona, me doy cuenta lo bueno que es cuando no se está solo. También disfrutó los pequeños disturbios que vienen cuando me interrumpen y me preguntan que vaya a algún evento. Lo veo desde dos puntos de vista, amo la compañía y amo la pena del pasado o mejor me he vuelto adicto a los aspectos dolorosos de la soledad. Ciertamente sé que toda esta compañía no llega sin un precio. La compañía no te deja mucho tiempo para ser creativo o para ir solo en mi canoa. Además hay una dimensión adicional de estar tan cerca involucrado con alguien. Una noche Diana perdió un arete de perlas de su abuela (habíamos ido a la acción de gracias en la casa de mi primo en Manhattan) cuando llegamos a casa oí su voz desde el otro cuarto lleno de angustia, mis perlas genuinas se extraviaron, las perlas genuinas de mi abuela se perdieron, a pesar de que solo era una perla en cada arete, la palabra genuino añadida a este evento lo hizo mas dramático. Sentí a la mujer que amaba como sufría, entonces yo también sufrí. Se siente una gran vulnerabilidad cuando sentimos el sufrimiento de los otros, especialmente si esa persona es parte de tu vida, no es lo mismo oír sobre los problemas de la vida amorosa de otras personas. Es un dolor profundo, porque para mi esposa esos aretes eran importantes. En la mañana fuimos al carro y recorrimos el lugar por donde estuvimos la noche anterior para buscar la perla y no la encontramos, entonces ella regreso a la casa y yo me quede todavía buscando. Gracias a Dios encontré la perla debajo de la silla del pasajero, me emocione muchísimo. Ahora creo honestamente que una perla para mi es una simple piedra, a mi poco me interesan las joyas, pero para Diana el sufrimiento en su voz fue un sentimiento horrible.

He estado pensando " que tal si tenemos un hijo" la angustia de la madre, sumada a la emoción de el amor de un inocente pequeño es algo que me da mucho miedo. Diana desea tener un hijo, yo quiero esperar, no me importa si su reloj biológico pará en seis años, deseo estar financieramente y emocionalmente seguro, quiero tener una relación bien sólida, apenas estamos comenzando. Se necesita que sea más segura y sólo se lograra através de la amistad y el conocimiento mutuo. Diana es madre por naturaleza, ella se emociona cuando ve algún bebé mientras va al mercado, mira televisión o cuando viaja en el carro; allí está ella emocionada en el momento que ve una pequeña criatura. Ella trató de convencerme con extremos opuestos, insinuando de que a mi no me gustan los niños. En mis 35 años de vida artística y solitaria me resulta difícil la idea de reemplazarla por la urgencia de hacer un pequeño Dennis. Me gustaría ser el padre de Cristo o del Mesías, en serio, pero en broma. Si yo voy a hacer un padre, el niño deberá contribuir al beneficio de la humanidad. Quisiera un modelo positivo y un buen maestro. Esto es debido a la presión que yo me pongo a que todo sea perfecto y productivo en la vida. Por lo menos tengo que darle todo lo que necesita, no solo económicamente como mi padre me lo dio a mi, sino también emocionalmente, cosa que no hizo mi padre.

Esto es lo que yo más o menos escribo, bien informal, acá y allá, expresando mis emociones y narrando los principales acontecimientos que ocurren en mi vida, con ello, purífico mi alma mientras estoy en mi canoa. Si yo no hubiera hecho esto yo seria un alcohólico así como mi madre terminal final de su vida.

Yo he vivido en cinco lugares diferentes: Panamá, California, Pakistán, Nebraska y Nueva York. Me mude a Nueva York hace 22 años, sé como se siente que te manden de un lugar a otro y sé por lo que mi esposa esta pasando desde que llego de Colombia. Mis cambios no fueron como los de Diana. Estos fueron cuando yo era muy joven, no cuando yo era un profesional y muy apegado emocionalmente a una cultura o viviendo en casa con mis padres practicando el catolicismo. Ella es como un pájaro que ha volado de su jaula de oro y que necesita un hogar, familia y alimento.

Nací en Omaha, Nebraska, mi madre era católica, mi padre no era tan devoto a la iglesia Episcopal, el se convirtió solo para su matrimonio. Mis padres tuvieron cinco hijos. Crecimos en

California y mi madre siempre quiso volver a Nebraska, este siempre fue un tema constante de su descontento por la excesiva paz del sur de California y añoraba las cuatro estaciones y el verdadero invierno. Regresamos al medio oeste en el año 1967. Nos mudamos allí después que mi padre completo dos años de trabajo en Pakistán.

El matrimonio de mis padres fue un desastre, especialmente en mis años de adolescente, la infidelidad fue un secreto que mi padre nos escondió, pero desafortunadamente no lo disimuló ante mi madre. Las divisiones entre las religiones, como criar los hijos y problemas económicos fueron lo que hicieron que se separara la familia en dos campamentos; el del lado de mi madre y el del lado de mi padre. Nadie se beneficio de tantas riñas, de una disciplina demasiado estricta y la falta de supervisión a pesar de que en nuestra infancia hubo cuidados, comodidad y cercanía. Nuestra familia surgió de la post-guerra y la realidad de los años cincuenta, feligreses salpicados de intolerancia, patriotismo extremo, materialismo, además el sentido de la familia eran fuerza impenetrables de la época. Recuerdo los placenteros desayunos con panqueques los domingos por la mañana en el parque, también recuerdo los platos rotos en mil pedazos después de las riñas de mis padres en el día de la navidad.

La última vez que toda la familia estuvo reunida fue en Lahore, Pakistán en 1963. Mi padre había tomado un trabajo en el exterior y mandó a llamar toda la familia (cinco hermanos y mi madre) a diferentes ciudades. Tan pronto llegamos a nuestra nueva casa nos toco dejarla al poco tiempo, debido a la guerra entre India y Pakistán. Entonces nos fuimos con mi madre a vivir a Teheran en Irán. Lo que parecía algo tan inconveniente en tiempos terribles resultó ser los últimos tiempos donde estuvimos toda la familia junta, mi hermano mayor y mi hermana se regresaron para los Estados Unidos, y yo me quede tres meses en Teheran. Eventualmente regresé a Lahore con mi madre y dos hermanas menores, antes de nuestra evacuación a Teheran mi madre con toda su familia rezaba todas las noches a la luz de la vela en la ciudad de Lahore, había apagones y toques de queda, debido a esto nos quedábamos encerrados en nuestro cuarto de hotel donde rezábamos el rosario arrodillados sin un lugar blandito para poder poner nuestras piernas para que nos doliera tanto. Rezábamos para que hubiera paz y también como un tipo de protesta. Cuando paso esto yo sólo tenia 15 años

Durante esta guerra paso un evento memorable, casi arrestan a mi padre por considerarlo un espía (mi padre había estudiado fotografía en la universidad del sur de California y se graduó de arquitecto). Èl y yo fuimos a tomar unas fotos, no fue buena idea durante la guerra. Dos espías extranjeros fueron sacados del cuarto del hotel para ser rápidamente interrogados por policías militares. Ellos nos recomendaron dejar la cámara fotográfica en el cuarto del hotel. Mi padre era un americano arrogante que no se iba a intimidar por unos cuantos pakistaníes; después de todo él era blanco, inteligentemente superior y una torre de seis pies cuatro pulgadas de altura, él estaba acostumbrado a intimidar a adultos que lo desafiaban como lo hacia con su esposa e hijos. Lo bueno es que él era el producto de su época, una generación orgullosa, embriagada de mucha confianza por haber ganado la guerra. Nadie era tan correcto como él. Elvis no era bienvenido en nuestra casa, pero Perry Como y Andy Williams tenían un lugar preferido en casa.

El final de nuestra vida familiar empezó en Pakistan y continuo en los siguientes seis años. Cuando regresamos a los Estados Unidos mi hermana mayor regresó a vivir a California y el resto de nosotros a Nebraska. Empecé a experimentar con drogas (marihuana más que todo) música y arte, así como muchos de mi generación, nuestra familia estaba en estado de deterioro; mi madre empezó a beber, mi padre tuvo amoríos con su secretaria. El último capítulo trágico de mi familia vino y se fue sin darnos cuenta en ese momento. Mi hermana mayor murió (baleada) por su novio, quien era un policía. Nunca lo incriminaron, en efecto, todo este evento fue convenientemente anunciado como si hubiera sido una muerte accidental, no habían testigos, la verdad ha sido enterrada como muchos otros secretos de la familia. Me tomó mucho tiempo volver a tener confianza en las fuerzas de la ley y con el sistema judicial. Hace pocos años trate de reabrir el caso de mi hermana, pero desperdicie mi tiempo, fue considerado como una "muerte accidental" de poca importancia para el jefe de policía de Huntington Beach. Mis padres tampoco estaban en capacidad de insistir en un nuevo juicio sabiendo que sus vidas estaban tambaleando, además mi participación en movimientos anti-guerra me llevaron a un incremento de actividades culturales, lejos de mi verdadera familia y más cerca de mi familia de músicos.

Pero volviendo a mi historia de amor que relato en este libro …….¿Cómo hacen dos personas de dos mundos diferente para bailar abrazados al amor? La esperanza y la imaginación es el recurso del planeta. En está época de correos electrónicos y teléfonos móviles, encontrar un amor es tan fácil como poner un dedo en el teclado de la computadora. Por alguna razón siempre tuve la idea que la persona más importante en mi vida iba llegar por el correo electrónico. Yo había usado una red de citas románticas de Costa Rica y me inscribí a una gran línea de servicios nacionales, esto parecía no tener fin. Cuando estudié computación en la universidad de Long Island durante mi maestría, aprendí como se estaban conociendo las parejas a través de la computadora, pero yo nunca entre a charlar (ni siquiera en estos días), yo firmé cautelosamente para dos o tres servicios de citas románticas, yo tenía la corazonada de que mi destino llegaría de una manera no complicada, después de tantos fracasos emocionales que tuve tres años antes.

¿Cómo un hombre soltero, de edad, conoce a una mujer en esta época, sin evitar dar una mala impresión? Yo me divorcie cuando estaba en los cincuenta y tenia muy poco tiempo disponible, me veía tan diferente al resto de los hombres. Yo tenía un trabajo y un buen salario de maestro, pero tantos años de pobreza y tanta dedicación a mi música y al arte me han llevado a ser muy excéntrico, no un poco, sino mucho que va encontra de las normas.

Era una fantasía y un poco extraño atraer a una mujer joven, considerando que la última mujer con la que había salido por ocho años tenia once años más que yo. Yo le llevo a Diana veinte años.

Le escribí dos o tres correos con Flor, una amiga de mi trabajo que me la presentó, ella nunca me contestó, les cuento que estaba pescando en más de un lago; tenia correspondencias desde Costa Rica, y salía ocasionalmente con mujeres (me resultaban agradable las salidas). Jugaba entre los sentimientos de ser un total desastre, y como el hombre más deseado en el mundo. Mis emociones son como una rueda de Chicago que sube y baja, lleno de confusiones, en donde se siente como un abatido ermitaño que esconde sus fallas al mundo.

Llamé a Flor a preguntarle que había pasado, pero ella nunca me contesto el teléfono. Flor es colombiana, su hermana Margarita fue compañera de clase de Diana cuando estudiaron Terapia de lenguaje en la Universidad. Margarita le dijo a Diana que Flor tenía un esposo para ella. Diana no les hizo caso ni a mi tampoco, yo de muy estúpido le envié una foto mía, ella creyó que yo era demasiado viejo para ella, porque como era calvo y con mi pelo rizado era demasiado raro para ella.

De alguna forma con mi malabarismo de correos y muchas llamadas telefónicas, al fin recibí un correo de Diana con tres líneas de largo. ¡La pesque,! Ella adora oír como era mi interés por ella y la forma como ella lo supo. En la cultura colombiana una mujer nunca contesta correos de extraños, a no ser que ella sea una cualquiera o necesite dinero. El correo decía " no es costumbre en mi país que una mujer conteste correos electrónicos de extraños", no supe quién pesco a quién, pero poco a poco nos unimos por medio de lo que conversamos. Las cosas no empezaron con un gran estallido, pero si con pequeños cosquilleos y algunos saludos. Detrás de una pared palabras, me di cuenta que era una relación fuerte y frecuente, además sabia que mientras fuera una amistad no me dolería su rechazado, y la distancia me mantenía seguro.

La primera impresión de la foto de Diana fue tan negativa como fue mi foto para ella. Ella lucia grande y vieja. En la foto ella tenia en su mano u bola y una coca-cola, estaba sentada abrazando a su sobrino, no muy romántico. ¿Cómo me podrían herir unos cuantos correos electrónicos de vez en cuando? Siempre pretendiendo tener buena apariencia, cuando lo más importante es lo de adentro. Si usted no esta consiente de la falsedad de sus propios errores, estos errores se llevan lo mejor de uno. No sabía si seguir escribiendo enamorado de mis grandes ideales del amor o si le prestaba atención a esa voz interna que siempre se burla de mi. Si las cosas se vuelven serias pueden ilusionar a la otra persona. Nadie quiere a otra persona que esta desesperada, pero yo estaba bien aburrido de estar buscando a una compañera y mucho más de estar tan solo. Siempre me mantengo ocupado, pero nadie sabe como evitar la ausencia del compañero que se va después de haber vivido juntos por mucho tiempo y sentirse soltero de nuevo.

La siguiente persona está reemplazando un montón de vacantes y expectativas de el pasado. Pero siempre nos persiguen las experiencias pasadas, y si tenemos suerte de dejar ir al pasado, aprendemos algo para empezar de nuevo. Pasamos un umbral y el cambio de luz nos causa duda, me pregunto si hemos encontrado una pequeña luz en nuestro futuro o si es solamente lo mismo de nuevo. Es mi imaginación dando lo mejor de mi otra vez, ¿ ha cambiado mi vida ? o es que yo soy como un niño volando una cometa imaginaria a la expectativa de muchas cosas maravillosa que vendrán en el futuro. Esta cuerda pequeña del cometa que poco a poco se alarga y me permite volar alto, se que al final alguien está manipulándola desde el cielo, soltando la cuerda solo lo necesario para mantenerme atento, y no lo suficientemente largo como para dejarme ir y perderme de esta nueva sensación maravillosa de del amor, en donde no estoy solo, somos dos corazones están enterrados en esperanza y fortuna, para invertir uno a uno los papeles, uno en la tierra y otro volado su cometa de la vida, llenando sus ilusiones en este despertar al nuevo amor. Ambos estamos fuertemente agarrados en un punto en el tiempo y enrollamos las pitas de nuestras cometas de regreso a la tierra con paciencia y la necesidad de regresar a casa.

En febrero del 2005 mientras estaba en Costa Rica me operaron de una hernia, montaba en mi bicicleta (en contra de las ordenes de el doctor) para ir al café Internet, quería saber algo se los correos de Diana. Los primeros correos eran pocos, pero ahora el interés era más grande y aumentaba mucho más, sólo teníamos una bonita amistad, sólo nos contábamos nuestra rutina diaria e historias de nuestras vidas. En algún momento de el viaje me di cuenta que Diana me gustaba, empezamos a escribirnos en Noviembre del 2006. En febrero iba al café internet a toda hora, no pensé que hubiera algo entre nosotros, ni mucho menos que estaba enamorado, estaba muy intrigado. Recuerdo que hablaba mucho de Diana con mi primo Frank mientras construíamos unos cajones con el calor sofocante de Costa Rica y decía,"ella es la persona más interesante de todas en este momento", yo la llamaba de vez en cuando, Frank oía cuando yo la comparaba con esta u otra mujer. Ella me estaba intrigando cada día más.

Iba en bicicleta al café internet a escribirle o a llamarla el mismo día. Frank era mi paño de lagrimas, como somos primos nos conocemos desde nuestra infancia. Cuando éramos niños bajábamos una colina en una caja entre las hojas, esto paso en una visita familiar a Omaha en 1950. Nosotros vivíamos en California. Frank y su hermano John me pusieron en una caja de cartón para rodar cuesta abajo, años después ví la misma colina y los recuerdos regresaron a mi mente. La colina no me pareció tan grande o mejor dicho no había tal colina, mi memoria es más grande que la realidad, o sera que uno de niño siempre lo exagera todo.

Al principio de la relación lo tomamos todo con mucha calma, la historia de mi familia, mi divorcio, la distancia entre nosotros y el poco deseo de ser herido me hizo tomar la actitud de esperar y luego ver que pasa. Diana había tenido dos compromisos los cuales terminaron rompiéndole su corazón, la mejor forma de sostener esta relación era tomando las cosas con mucha calma en nuestros correos electrónicos. La calidad de las personas no se pueden ver inmediatamente en los correos. Todas las relaciones pueden desarrollarse sólo con el paso del tiempo, sin importar la soledad y el deseo de los candidatos. Si estas tratando de llenar un vació en tu vida o buscas por esa persona especial en tu vida esto no pasa de la noche a la mañana, esto es solo un mito, si llega a pasar de la noche a la mañana será todo un desastre. Es muy común tener necesidades y deseos materiales, pero si hay una buena imagen propia fijándose una meta de una relación sana, entonces se realizará para aquellos que lo tratan con honestidad

Tal vez contamos con suerte, tal vez contamos con la divina providencia, tal vez hemos pasado por muchos fracasos que ya nosotros estábamos listos para algo bueno. No les puedo dar una buena razón del por qué nos enlazamos y continuamos una relación constructiva. Las probabilidades en nuestra contra eran inmensas, ahora llevamos casi dos años de relación, pero me siento muy seguro y creo que hemos pasado por lo peor, hemos conocido otras parejas que nos dicen que el primer año es bien difícil. Sé que si nos separaremos o nos rendiremos es lo más fácil. He trabajado mucho para proveerle una vida cómoda. Yo no soy un hombre al que tienen que cuidar todo el tiempo, me he pasado mucho tiempo de mi vida viviendo solo. En cualquier dimensión que se le añada a mi vida será bien recibida. Diana me dice que ella nunca escribiría un libro sobre su vida personal, yo he estado escribiendo por muchos años pero nunca he publicado nada sobre alguna información de mi vida personal ya que esto puede ser un problema, el compartir no tiene garantías.

Hemos sido abandonados y rechazados por otros, tal vez inconcientemente encontramos a un compañero confidente, con el cual nos encontramos seguros. Nuestras cualidades nos atrajeron pero nada fue repentino. Yo he vivido mucho para saber que es bueno y que es malo, versus que es destructivo y que es impulsivo. El comienzo y el final de la historia es la más importante, este es nuestro comienzo al destape, es una historia real, la tecnología que existe en el mundo hace tener una mejor comunicación pero las cualidades personales de quien las usa es la clave para tomar la vida al próximo nivel. La tecnología es una nueva herramienta para los enamorados, el amor no será mejor o peor por la tecnología, el amor es eterno y va mas allá de los juguetes de los humanos.

CAPITULO 2: CITAS ELECTRÓNICAS

Tener una cita sin ver a la persona o sin oír su voz es un poco riesgoso; Diana y yo nunca usamos la cámara de la computadora. Si Flor no me hubiera hablado antes de ella, hubiera perdido el interés. Yo ya había perdido poco a poco el interés en las mujeres que conocía personalmente o por internet. Encontré en Diana a una persona emocionalmente estable, inteligente y responsable. No hay ningún error en decir que todas las citas son basadas en grandes expectativas, a veces demasiadas; la ilusión también esta en juego especialmente en el internet. La desilusión de la relación viene cuando tus expectativas no son basadas en experiencias mutuas y reales. La nueva tecnología nos ofrece más oportunidades para escoger pero el resto se basa en nuestra personalidad.

Desafortunadamente, la tecnología no nos hace más éticos; en estas comunicaciones nos acercamos más, pero esto no cambia las cualidades de nuestra personalidad, quien somos y nuestra necesidad de ser amados nunca cambian.

Yo he guardado todos nuestros correos electrónicos, he tenido otras citas electrónicas, algunas por meses y otras por menos tiempo. Honestamente, lo que me inspiro a mantener nuestra relación fue nuestra correspondencia permanente cada noche.

Yo me sentía tan solo, a veces me distraía en algo distinto, pero sabia que había algo más profundo. Soy una persona de pocas palabras, pero nuestros correos no eran cortos, hablábamos de lo que pasaba a diario con lujo de detalles; sabía cuándo ella llegaba a su casa y salía de su trabajo. Ella tenía dos trabajos, por eso su tiempo era precioso, pero siempre lo compartía conmigo. Yo sabia todo sobre su familia y sus amigos, no le mentía sobre lo que yo hacia porque no había nada que ocultar ni ella tampoco me ocultaba nada.

Lo más extraño sobre nuestros correos electrónicos era que ninguno de nosotros sabía el idioma del otro. Yo había comprado un programa de traducción que a veces traducía bien y a veces no tenia sentido la traducción. Por ejemplo, ella me contó que tenía acné en su espalda y la traducción de este intimo detalle fue que le estaban creciendo capullos en su espalda. A veces me tocaba adivinar que era lo que ella quería decir. Atribuyó a mi paciencia y mi lado creativo lo que me ayudo a decifrar. Si era capaz de leer música en metáforas seguro que también hubiera podido leer sus correos de tal forma que tuvieran algún sentido. Cuando me acuerdo me rió de el lenguaje absurdo, así como la seriedad que tuvimos para conocernos mejor. Hoy en día Diana me cuenta que se enamoró de mi por mis pensamientos y la profundidad de mis palabras. En mi caso sus palabras eran confusas y perdidas debido a la calidad de la traducción de el programa de la computadora pero a la vez estas eran dulces como la miel. Me interesó más su personalidad a través de sus palabras, de otra manera la hubiera perdido completamente. Si la mujer desea escribir todos los días y el hombre también ¿Por qué parar y no llegar al siguiente nivel en la relación?.

Yo soy demasiado puntual. Llegar temprano es mi obsesión. Por esto siempre llego a tiempo a todo. A veces, llegaba a la casa y su correo me esperaba. Diana me escribía en la mañana antes de salir para su trabajo, nuestra conversación siepre era fácil y simple. La tecnología nos acercaba y nuestro esfuerzo por mantener la comunicación nos mantenía unidos. Yo no me permití grandes ilusiones en la relación, más aún cuando habían muchas diferencias entre nosotros. A pesar de esto nuestros sentimientos estaban creciendo. Yo nunca pensé en casarme, yo estaba feliz en mi relación, pero también me preguntaba por qué no era más práctico y buscaba una relación más cercana a mi casa. Llegue a pensar en dejarlo todo, terminar la relación o encontrar una forma de traerla acá. Y la única vía posible era el matrimonio. También había la posibilidad de hacerle muchas visitas pero nunca lo hicimos. Llegue a un punto que tenía que hacer una decisión y saber lo que realmente quería de ella. No quería perder lo que era tan importante y real. Yo sabia que una mujer católica no iba a considerar una unión libre. Tenia que decidir o todo o nada; el todo tenía más obstáculos que el nada.

El siguiente es un correo electrónico que recibí el día de San Valentín. Diana me contó acerca de lo que esperaba en una relación y pensé que ella había sido muy sincera. Me gusto saber lo que pensaba de nuestra relación. Por lo memos ella fuera tan honesta y directa sobre el tema. También me comentó que visitó un dermatólogo porque estaba muy triste con el acné. Esta vez no falle en la traducción y yo le contesté.

Hola Diana:

Recibí tu correo ayer, estaba muy cansado. No tengo problema con el dermatólogo. No entiendo cuando piensas que me has ofendido ¿Cómo es esto? Nunca me ofendí. ¿De qué hablas? Soy de un temperamento muy tranquilo, lo único que me molesta es la mentira y tú no eres así. Solo dices lo que sientes. Eso es ser honesto. Tus condiciones para este romance no es para que moleste a nadie, respetó tu opinión para continuar nuestra relación. Esto es un necesidad saludable para que el amor crezca y sea real.

Le conté que la traducción de mi programa de la computadora no es muy clara. A veces, no entiendo lo que dices y yo no leo en español. Esta es mi gran frustración, pero este no es tu problema, es la traducción de la computadora. Necesito aprender más español así te entenderé mejor

Por otro lado, hoy fui a los exámenes médicos y todo salió bien. El doctor aprobó mi cirugía.

En la noche fui a comer con una vecina mía que trabaja en mi colegio. Ella es la directora del departamento de música. Fue bien relajante, porque ella tiene un Jacuzi en su casa. Para mañana se pronostica mucha nieve y me voy a quedare en casa viendo como cae la nieve. Lo voy a disfrutar.

Te llamaré el domingo y me voy a portar bien el día de San Valentín. Pensaré mucho en ti, como quisiera que estés acá conmigo. Gracias por compartir mis momentos de secreta pasión.

AMOR POR INTERNET: ASI CONOCI A MI ESPOSA

Besos y abrazos Dennis

El siguiente es un correo electrónico de Diana días antes del día de San Valentín y no habia podido cambiar el programa de traducción de la computadora. Voy a mostrarles las dificultades que tuve en entender sus palabras. Las palabras que estan mal escritas o que no se pueda reconocer, el programa nunca las traduce.

Como es posible que no has recibido mi tarjeta. Yo te envié tres tarjetas. A pesar de ser tarde te envio muchas felicidades en el día de San Valetín. Me alegro que al menos pudiste hablar con tus superiores y les expusiste lo que estabas pensando.

En este mensaje que te mandó dos fotos, la primera (la familia se mantiene en silencio acerca de los Diaz) ves a mi hermano, su esposa, y sus dos hijos, son mis sobrinos. El nombre de la niña es Laura y tiene cuatro años. El niño que tú ya conoces se llama Sebastián y es la luz de mis ojos. Lo adoro por lo noble, respetuoso y amable. Es una gran personita. La muñequita ha sido siempre muy apegada a su seno (mamá) yo también la quiero mucho. Pero la niña es más apegada a los de mi casa. En la segunda foto está mi papá y mis senos, tú ya los conoces. Espero que hayas recibido el correo, te lo envié, del que yo leo y escribo quien te lo envio de la que yo lo leo y entiendo. Esta forma te sugiere que lo digas de nuevo sino lo entiende. Inmediatamente Diana me envia otro mensaje.

En este correo te envio una foto de mi padre y de mis senos, en el correo anterior el te decía que iba una foto de ellos, pero no está acá en el correo. Aquí hay una foto de toda mi familia, mi padre, mi seno, mi hermano y dos sobrinos, mi hermano y yo.

La segunda foto de este correo aparece mi hermano Francisco y yo. Ahí tengo el cabello tinturado y mis cejas un poco tinturadas. Se me ven los ojos pequeños, pero así son realmente. En la actualidad él me recuerda con el cabello oscuro. Ya estoy aburrida de las raíces de mi cabello, se ven oscuras, y claras en las puntas. Me sentire mejor hasta que mi cabello vuelva al color normal que siempre he tenido. Todavía pienso ¿Qué pasó con las tarjetas que te escribi hace poco, así como los mensajes donde te decia muchas cosas? que pena que nunca los recibistes.

No se me ha olvidado que mañana es tu cirugía a las 6:00 A.M. Le he pedido a Dios que la cirugía salga bien y que no tengas dolor. Acuérdate que te estoy acompañando espiritualmente con mis oraciones. Espero que realmente recibas estos mensajes. Mañana te llamo. Te mando miles de besos. Te quiero mucho.

                    Diana Marcela

No ella nunca me mandó la foto de sus senos. Esto fue una mala traducción que me hizo reír mucho. Ella quería decir mamá. Como la computadora no entendía la tilde tradujo mamas. Tal vez en mi interior me hubiera gustado ver la otra fotografía. Como estábamos hablando de su familia y yo sé que ellos son personas decentes. Si yo hubiera sabido antes, yo hubiera podido jugar al rompecabezas é imaginarme la palabra de acuerdo al contexto, pero me distraje. Muchas veces le digo que me explique mejor que quiere decir algunas cosas de sus correos electrónicos. Le sugerí que escribiera oraciones cortas, pero luego aprendí que en español se usan oraciones largas y la coma es usada más a menudo que el punto. Creí que tenía una gramática horrible a pesar de tener una buena educación.

El siguiente es un correo electrónico que le envié antes de mi visita a su país . Había ido al cumpleaños de mi amigo, era tarde para escribirle, entonces use oraciones bien cortas pero que tuvieran sentido.

Hola de Nuevo:

Llegue a casa después de haber ido al restaurante. Fue muy especial para Victoria. Éramos siete en mi mesa y hacian mucho ruido. Fuimos la última mesa en salir antes que cerraran. Querida, no me importa si estás pasada de libras, eso es sólo un velo de tu personalidad. Lo que importa es el amor y lo que vamos a crear juntos, te aseguro que nos vamos a sentir un poco incómodos cuando nos conozcamos, pero mis expectativas son realistas. Tenemos una amistad bonita. Ambos hemos hecho una riesgosa inversión en la relación. Por eso los dos entraremos juntos a lo desconocido. Creo que lo más difícil va a ser cuando nos volvamos a separar. Estamos en un nuevo lugar que es único para ambos. Haremos lo mejor de nuestras vidas.

Me dormiré ahora, soñare con esto, que descanses.

Te amo, Dennis

Este correo fue antes de mi visita al país de Diana. Era hora de colocar el rompecabezas y colocar junto lo que quería con lo decia, con la desventaja de mi pobre español. Para este tiempo las llamadas telefónicas que habían empezado, fueron cruciales para nuestro relación Las conversaciones telefónicas fueron una oportunidad de aclarar lo que actualmente habíamos escrito, por ejemplo:

Hola, te aclaro papacito y papito es para el hombre, para la mujer es mamacita o mamita. Esto se usa de una manera agradable o cuando aprecias a alguien. De mis papeles de Costa Rica, te cuento que hoy me preguntaron por uno nuevo. El certificado del DAS tardará mucho, me lo van a tener listo para el próximo sábado a las cuatro. Trataré de estar allá mañana. Entre semana me es imposible ir porque yo tengo que estar a las 7:30 A.M. en el trabajo y ellos no me dieron permiso para ir.

En lo que concierne a las direcciones electrónicas que me preguntaste no las he abierto todavía. Yo ví un Café en el parque, ahí está la dirección, si no puedes encontrarla busca en el Internet por "Parque del Café (Armenia Colombia)." Ahí encontraras información, además me gustaría que leyeras algo del turismo colombiano, para cuando vengas no te sientas tan perdido. Me gustaría saber algo sobre tu religión, por supuesto si tienes tiempo y no estás tan cansado. Mañana no te preocupes en escribirme por la noche porque yo llego muy tarde y muy cansada, de todas formas voy a tratar, no te lo aseguro. También voy a ir a la clínica a visitar a mi papá y luego visitaré una compañera. Hoy tuve unos accidentes cuando fui a trabajar, primero me puse unos jeans, camisetica y tenis. El viento me alboroto el gancho y la cola de caballo que siempre me hago para ir al trabajo, lo tenía todo suelto. Además use una camiseta muy pequeña, y no me maquille. Era un completo desastre, pero a pesar de esto me llovieron los piropos. Un compañero de trabajo y mis alumnos me dijeron que estaba con la belleza alborotada. Yo voy al trabajo sencilla, un poco de maquillaje y con el pelo recogido, pero nunca tan mal arreglada como hoy. Y como te lo había dicho es la primera vez que recibo muchos piropos. Realmente este mundo esta loco.

Me escribiste en tu carta que el lazo que nos ata es muy fuerte, yo pienso la misma cosa. Poco a poco nos estamos conociendo, si esto sigue a si, en el futuro tendremos una relación bonita y seria. De mi parte puedo decirte que tú eres una persona muy importante y espero tener tu amistad por mucho tiempo. Si las cosas no funcionan yo no me voy a disgustar, te juro que no.

Tú pareces una persona brillante y yo estoy muy contenta de conocerte por medio de tus cartas y espero conocerte en persona, te quiero mucho, mucho, mucho me gustan los detalles que tienes con Victoria, ella habla muy bien de ti. Espero que hayas tenido un buen día.

Diana Marcela

El Café del parque es una atracción turística del cual ya habíamos estado hablando que teniamos que ir a conocer. La cola de caballo es un estilo de peinado. Algunos mensajes no tienen ningún sentido. El traductor no me estaba ayudando mucho. Trate de escribir frases cortas y trate de usar el latín para ayudar un poco, pero ella dijo que algunas de mis cartas eran confusas.

La siguiente carta electrónica fue enviada después que nos comprometimos. Fue a finales de mayo cuando estábamos llenando los papeles de migración. El plan de que Diana visitará

Costa Rica no se pudo llevar a cabo. Había muchos papeles para llenar y fue imposible y el proceso demasiado lento entre los dos países. Lo bueno fue que usamos algunos de estos papeles par las vueltas de emigración.

Hola mi luz:

Ya he completado casi todo los formularios, me falta solo unas líneas. El libro que compré me ha servido mucho. Ya veré cual será el mejor lugar para los exámenes médicos, esto será después de la boda. Yo preparé toda tu información lo mejor que pude, no llené la parte de tu historial de trabajo de los cinco últimos años. Creo que va a ser fácil. Yo sé que la semana pasada estaba preocupado, pero esto me motivo a mirar mejor la situación. Nosotros terminaremos todos los documentos juntos y revisaremos el trabajo de cada uno. Seremos un gran equipo.

Por favor trae todos los documentos que preparaste para tu visita a Costa Rica. El certificado del DAS, declaración de renta, y el historial del trabajo nos pueden ayudar. También he tratado de planificar nuestras finanzas para el verano, el 24 de junio me pagan los dos meses, junio y agosto, pero no recibo pago hasta septiembre. He separado tres meses de renta, teléfono y mercado, también necesiti dejar dinero en mi cuenta bancaria para pagar la luz de todo el año, ya que ellos me lo quitan automáticamente. También necesito dinero para la boda, los anillos, dinero para el viaje y para llevar a Costa Rica para pagar el abogado. Todo se ve bien, tendremos suficiente dinero para el verano. Gracias a Dios tengo un buen trabajo.

Mañana iremos a pescar otra vez, voy con dos compañeros de trabajo y usaremos el bote de uno de ellos. Esta vez no usaremos la canoa, el clima será perfecto y no voy trabajar el lunes por ser feriado. Tendré tres días para relajarme, limpiar la casa y terminar lo que tenga que terminar.

Te llamaré a las 8:30 o tal vez a las 9:30 en la mañana, si no estás en casa te llamó mas tarde.

Te quiero, te extraño y necesito hablar contigo, no es lo mismo que los correos electrónicos. Necesito oír tu voz. Todavía es de día, saldré a caminar y te enviaré besos por el aire.

Te quiero mucho Dennis

Diana me dijo que se enamoro de mi por mis cartas. Creo que mi personalidad era mucho más evidente que mis cartas traducidas con un programa de la computadora. Por el solo hecho de haber vivido con gente que hablaba español cuando era joven me facilitó adaptarme a otros idiomas. Cuando miro atrás, veo lo difícil que fue construir un puente entre nosotros. Desde el principio y hasta el final se necesita muchas ganas y un corazón bien abierto. La alegría que ahora compartimos se debe a todos nuestros esfuerzos. Honestamente, valió la pena.

CAPITULO 3: LA BODA

Nos casamos el 6 de julio del 2006. Diana voló desde Colombia a Miami. Use un boleto que me obsequiaron en la aerolínea de América por haber viajado a Costa Rica hacía unos meses antes. Diana me llamó desde Miami pero yo ya había salido para el aeropuerto. Cuando llegue al aeropuerto me di cuenta que el vuelo venía retrazado y llegaría a una Terminal diferente. El parqueo del aeropuerto estaba cerrado y me tocaba tomar un bus para llegar a la Terminal indicada. Llegue dos horas y media más temprano solo para estar a tiempo como le prometí a ella por teléfono.

A pesar de todo lo que había planeado llegue 20 minutos tarde, porque tuve que regresar en bus al parqueo a comerme un banano y hacer otras cosas creyendo que tenía mucho tiempo. Lo malo fue que el bus se retrazo y cuando llegue a la Terminal el vuelo de Diana ya había llegado. Salí y corrí lo más que pude. Lo bueno fue que Diana estaba acompañada de otra señora colombiana que conoció en el vuelo. Ellas pensaban en otras alternativas, entre otras, le ofrecieron hospedaje por esa noche. Diana estaba muy asustada y no tenía ningún otro número telefónico en Nueva York. Cuando la ví ella estaba desesperada y yo sin un aliento.

Fue un verdadero abrazo cuando nos vimos y mucho mejor del que nos dimos en el aeropuerto de Medellín-Colombia (allí solo nos dimos la mano) después de un viaje largo en el bus, colocamos las maletas en el carro y nos dirigimos al apartamento. En el carro yo le di a mi futura esposa un beso de verdad, y no nos importó si alguien nos estuviera viendo.

Al día siguiente fuimos a ver a una amiga de Flor para que la ayudara a maquillarse el día de la boda. Por medio de Flor yo conocí a Diana, y ahora ella va a ser la madrina de bodas. Después visitamos a Flor , y nos encontramos a Orlando su esposo y Alejandro su hijo. Diana no conocía a Flor a pesar de que ellas habían hablado por teléfono antes. Almorzamos y hablamos de nuestros planes de boda. Allí había otra mujer, una amiga de Flor, que era Terapista de Lenguaje que había venido a los Estados Unidos de la misma manera que Diana, a casarse, pero su matrimonio no funcionó; y ella le contó a Diana horrores de el matrimonio. Entre otras cosas vino el tema del vestido de novia.

En nuestra segunda visita con la señora, encontramos a esa mujer otra vez, ella vió el vestido de bodas de Diana y no le gusto y le dijo que el vestido se miraba muy informal y poco apropiado. En el carro descargue mi ira con Diana, yo estaba muy enojado. Yo quería dar una buena impresión a mi futura esposa, pero estaba furioso con esa mujer a la que no conocíamos y se creía que podía juzgar lo que fuera. Que se cree la gente?. Tuve una mala impresión de esta mujer. Además ella intencionalmente hablaba solo en español con Diana, entonces yo me di cuenta de su juego sucio. Yo ví el vestido de bodas hasta cuando Diana entró al patio de la casa del brazo del hermano de Flor. Al día siguiente yo la lleve a las tiendas para que buscará otro vestido. Me tomó mucho tiempo pero pude convencerla de que el vestido que la mamá y ella habían escogido hacia muchas semanas era el mejor, y por supuesto lo era.

El Segundo día lo pasamos nosotros solos. La lleve en el carro a ver los alrededores de la bahía, la playa, la casa del presidente Teodoro Roosevelt en Oyster Bay y luego hicimos un asado en la casa, pero yo estaba más interesado en conocer más de ella que en estar en compañía de otras personas. Quería que se sintiera mas relajada y no estarla presentando tanto con todas mis amistades.

Esa noche empezamos a preparar todo el papeleo para poder sacar nuestra licencia de matrimonio en la oficina de Oyster Bay. Yo ya había hecho todas las averiguaciones unas semanas antes y me aseguré que Diana trajera todos los respectivos papeles para evitar cualquier inconveniente en nuestros planes de boda que yo había estado preparando por meses.

Yo compré un libro en internet ¿Cómo obtener la visa por matrimonio? para así asegurarme de todos los requisitos. Yo le mande a Diana una lista de todos los documentos que debía presentar para obtener la visa. Me demoré una hora haciendo todas las copias de los documentos legales para el certificado de matrimonio pero había un documento con un sello que estaba vencido.

Les tengo que contar a mis lectores que yo a veces me portó como todo un animal de cuatro patas. Mi furia es como una fiera salvaje que necesita dureza y encierro. No tengo ninguna excusa para tal comportamiento, tal vez fue por tanta violencia durante mi infancia. Yo sé controlarme, pero a veces no puedo controlar el mal hábito de explotar por pequeñeces. Les digo que a veces soy un tonto, me da vergüenza y reconozco mi mal comportamiento y se que no merezco una segunda oportunidad. Diana estaba sufriendo lo suficiente e hice de esa noche toda una pesadilla. Ella estaba tan asustada, llorando mucho ¿había volado a un país extranjero sólo para vivir con un loco? Esa noche le dije que se fuera de mi casa; ahora saben lo idiota que soy. Tan solo un pequeño error en un documento iba a parar nuestra boda.

A pesar de que me arrepentí de mis groserías, ya habían causado suficiente daño, gracias a Dios, ella no me escuchó y conseguimos calmarnos y discutirlo mejor al otro día. Todavía de vez en cuando oigo mis tonterías, las malas palabras y mi mal temperamento, mi propia estupidez todavía me da problemas. Estaba peleando con una sombra que nunca existió en esta mujer maravillosa. Me estaba comportando de la misma forma que mi padre trataba a mi madre, lo cual yo odiaba tanto. En ocasiones se me sale el demonio que tengo adentro; la presión de hacerlo todo correcto, ya había pasado, estaba enojado pero no quería que todo se fuera a pique por un error de un papel. Mi personalidad arrogante y perfeccionista iba a dañar nuestra boda. ¿Cuál era mi problema?

Al día siguiente me sorprendí porque Diana estaba en casa pero muy asustada. La Abogada abría a las nueve de la mañana, nosotros llegamos a las nueve y cuarto, y la señora que me había atendido la semana anterior no estaba allí; creí que iba a ser un mal día. Otra mujer estaba ahí y se acordó de mi, procedimos con todo el papeleo pero sabíamos que no nos iban a dar el certificado de matrimonio. Nos sentamos tranquilos. Yo estaba calmado pero dentro de mi estaba bien asustado como la noche anterior. La partida de nacimiento tenía un error. La mujer solo dijo "ah, ellos cometieron un error en la fecha", pero ella vio que los otros papeles estaban en regla. Diana rozo mi lado cuando la mujer se voltio para escribir toda la información. Estaba congelada, lo mismo que yo con mi risita nerviosa, ni me atreví a mirar a Diana.

Los papeles tenían algunos errores y cualquier búsqueda profunda en ellos encontrarían que todas las fechas estaban correctas; no había nada oculto. La fecha de nacimiento era la misma del pasaporte el cual tenía diez años. Era un error de imprenta, así lo notó la señora, a pesar de la rabia que yo tenía porque todos los papeles debían de estar perfectos nos otorgaron el certificado de matrimonio y por fin pudimos relajarnos un poco. Les aseguró que si la otra señora que me atendió antes me hubiera atendido ese día, a estas alturas mi adorada prometida estuviera en un avión de regreso a Colombia para traer una partida de nacimiento con la fecha correcta y así podernos casar. Esto se hubiera demorado por lo menos tres meses. Diana me contó todo la burocracia y dificultad que tuvo que pasar para notarizar todos los papeles la noche anterior. Ya no importa, nos íbamos a casar, teníamos 48 horas para validar el certificado, nuestro comienzo como pareja estaba delante de nosotros

Ahora nos reímos de todo esto, pero como casi no teníamos tiempo no había espacio para ningún error. Planear y llenar papeles oficiales es algo en lo cual soy un experto. Todavía necesitábamos llenar la aplicación para la residencia temporal, todos estos papeles eran tantos pero ya los tenia preparados; los papeles de mi divorcio de mi anterior matrimonio de 30 años, quedo atrás, las declaraciones de renta de los últimos tres años, mi partida de nacimiento, todos debían de ser originales. Yo revise todo dos veces e hice fotocopias lo que se me convirtió en una montaña de documentos legales. Sabía que mi entrenamiento en computadoras durante mi maestría servirían bastante para organizar correctamente todo. No creo en nadie para hacer este trabajo. Por eso no creo a veces en los abogados, ellos ponen más problemas de los necesarios y son más costosos. Supe que los documentos enviados por cualquier persona tenían prioridad que los que llenaban los abogados. El permiso de matrimonio era sólo uno de los muchos documentos requeridos. El certificado de matrimonio llegaría por correo unas semanas más tarde. Necesitaba contar el tiempo requerido para completar toda la documentación .Por favor puede alguien perdonarme por ser tan histérico y comportarme como un verdadero loco, pero era que estaba bajo tremendo estrés. Gracias.

La noche anterior a la boda tuvimos la comida del ensayo. Sandy el padrino y su esposa Eileen asistieron. Flor la madrina de Diana estaba con su hijo. La ministra Lilia y los dos palomos enamorados completaron el grupo. Ensayamos donde nos debíamos de colocar, la música y los votos. Escogimos la ceremonia y las lecturas de unos libros de la iglesia Unitaria Universal a la cual Lilia y yo pertenecemos. El ensayo de la comida estuvo perfecta sin ningún inconveniente; Diana se fue a casa de Flor para poder organizarse para el día siguiente.

Dos de mis amigos llegaron de Oregon y Denver. Steve es mi mejor amigo de la secundaría, viví con ellos cuando salí de mi casa debido a tanta violencia que había. Jan es mi viejo amigo de Denmark. El actualmente trabaja en una universidad de Oregon enseñando el idioma Danes. Conocí a Jan en un bus en Amsterdam hace como diez años, nos sentamos juntos en un viaje de noche en el bus y desde ese momento somos muy buenos amigos. Estaba muy emocionado de tener mis dos mejores amigos conmigo durante mi boda. El padrino hizo todo lo posible para venir de Manhattan los dos días seguidos. A él lo conocí hace poco, agradezco su amistad y sus consejos mientras hablamos de mi relación con Diana.

También tuve tiempo de practicar con Steve y Jan, conversamos e intercambiamos historias. Steve es como un hermano para mi, tocábamos una banda de rock en un garaje y vivimos juntos la invasión británica de los roqueros . A el le gusta acordarse de mis desilusiones, pero en ese momento él fue de gran ayuda para mi, me ayudo a sentir respeto de mi mismo, cosa que yo necesitaba. Jan es como un monje budista, con él hablo de Kierkegaard y me ha dado lecciones de los filósofos daneses. El habla bien despacio y nunca dice nada negativo de nadie. Ambos amigos me han visto atravesar las peores crisis de mi vida. Steven se quedó en un hotel cerca y Jan se quedó en la casa de Victoria esa noche.

El día de la boda, mis dos amigos llegaron a casa temprano y me ayudaron a arreglar el patio; coloque una carpeta grande para que los invitados la usaran, colgué en los árboles unas banderas de algunos países hispanos que estaban en mi salón de clase, porque el jefe de bomberos hizó que las descolgará del mi clase porque podrían causar algún incendio. Yo les estaba dando un nuevo uso el día de mi boda. Además, coloque adornos hindús y budistas en forma de arco que estarían sobre nuestros. Cuidadosamente construí un altar, coloque manteles en las mesas, y esos manteles tenían escrito una oración musulmana, puse flores, velas, santos y figuras cristianas de la religión de Diana.

El patio estaba hermoso y lleno de colores, también colocamos unos amplificadores, les pusimos colores a las sillas y las colocamos en filas, trajimos plantas de la casa del vecino, arreglamos unas mesas para la comida después de la ceremonia. Alrededor de las diez en punto salimos a comprar flores a una floristería, y compramos cuatro o cinco docenas de rosas rosadas divididas en pequeños floreros. También fuimos a una tienda de descuento a comprar manteles de papel y luego fuimos a comprar vino y cervezas, así organizamos todo en perfecto orden. Todo esto transformo el patio en un salón de fiesta. Se estaba acercando la hora y necesitábamos vestirnos para la boda que seria a las 2:00 P.M. me mantuve bien ocupado para poder concentrarme. Pensé usar un traje de doble solapa y nos zapatos que un cliente me dio hace 10 años mientras yo era su chofer y estaba terminando mi maestría en la universidad, mi camisa era de una tienda de descuento, esto era lo único nuevo que yo use; creo que la ropa nueva no es tan cómoda como mi ropa favorita. Usualmente cuando alguien me regala algo creo que su energía está en el regalo; Victoria había llegado temprano para ayudarnos a arreglar, ella hizó los floreros y aprobó toda la decoración.

Mi prima Eileen es una excelente escritora, ella y su esposo Sandy, el padrino, viajaron desde Manhattan. Ella acababa de publicar un libro de cocina. Eileen cocinó un banquete digno de la realeza. En serio, me acuerdo que la comida estaba tan deliciosa, era tan sabrosa. Ella también elaboró el pastel de boda. Lo hizó con todo el amor desde el fondo de su corazón. Jan tenia una cámara de video, Sandy y dos que fueron mis alumnos tenían cámaras fotográficas pero Steve tenía el programa de la ceremonia y fue el encargado de la música durante la boda. Los 19 invitados empezaron a llegar, algunos bien vestidos y otros en ropa de verano con sandalias.

Yo hice las invitaciones en la computadora y las primeras las envié por correo electrónico, luego enviamos tarjetas impresas. Cada tarjeta fue hecha individualmente a mano con un corazón bordado artísticamente con pétalos de flores rosadas y en el centro la foto de nosotros dos. Como Diana y yo nos conocimos por medio de correos electrónicos consideré que sería buena idea enviar las invitaciones usando este medio; luego enviaríamos las tarjeta por el correo regular (lento).

El ambiente estaba bonito, al aire estaba templado, había una pequeña brisa que traía el olor del mar salado de la bahía a nuestro patio, los pájaros estaban contando y todo estaban allí, pero Diana no.

Ustedes creerán que yo estaba preocupado, pues habían pasado 45 minutos después de la hora indicada, y ella no estaba. Diana entró por la esquina de la casa con un vestido blanco divino. Pensé ¿Cuál era el problema de este vestido? ella estaba súper divina, la novia más hermosa de la tierra. La Ministra de la ceremonia en su capa azul oscura nos llamo al altar. Flor leyó a Kahlil Gibran, Sandy leyó un pasaje de la Biblia y Eileen leyó unas cuantas líneas de George Eliot. La Ministra leyó y hablo toda la ceremonia en su pesado acento colombiano. La ceremonia fue en los dos idiomas en inglés y en español.

Después de nueve meses y de grandes riegos nuestras vidas iban a cambiar para siempre. Yo le escribí una canción a Diana y se la cante.

CANCION DE BODA POR DENNIS CLEASBY

Eres como las montañas

Yo soy como el mar

Tú siempre enamorándote de mi

AMOR POR INTERNET: ASI CONOCI A MI ESPOSA

Yo soy como el cielo

Tú eres como los árboles

Tú siempre alcanzándome

Cuando tengas algún problema

Por favor cree en mi

Yo te daré paciencia, esta es la llave

Todo entendimiento

Abre cada puerta

Tú eres todo lo que quiero y más

Oh mi amor

Tan constante como todo lo que se mueve

Tan constante como la brisa

Tú recibes mis besos con la gravedad.

Que mantiene las orbitas en orbita

Que das a mi corazón mucha paz

Que causa el cese de cada momento

Oh Diana mi amor

Tú eres todo lo que siempre he querido

Tú eres todo lo que yo he soñado

Arco iris cruzando con destellos las montañas

AMOR POR INTERNET: ASI CONOCI A MI ESPOSA

Cuando todo el mundo mira

Nadie parece que ve

Que tú y yo estamos viajando en sueños

Que empezaron hace mucho

Antes del infinito

Cuando los ángeles creían en la bondad de Dios

Que el amor es la respuesta

El amor nos da libertad

Para cambiar el curso de la vida y la historia

Oh Diana mi amor

Las estrellas resplandecen sobre nosotros

Las flores crecen en el mar

Yo creo en ti y en mi

Oh Diana mi amor, te quiero.

Nos presentamos ante nuestros invitados como el Señor y la Señora Cleasby. Esa tarde la pasamos de ensueño, fue una boda tranquila, la música suave, los 19 invitados hablaban entre ellos, nadie se sentía perdido en la multitud. Fue bien intimo y nadie de nuestra familia estuvo presente; los que fueron a la boda fue porque nos querian y deseaban estar con nosotros. El cielo se abrió y pronto el sol nos dio su luz a todos nosotros, fue maravilloso.

CAPITULO 4: LA LUNA DE MIEL

Nuestra luna de miel la tuvimos en los meses de julio y agosto y fue en tres partes, primero fuimos a Washington D.C. luego viajamos a New Hampshire y Maine y por último regresamos a Washington D.C. al Colonial Williamsburg. Pensé que sería bueno para una pareja recién casada ver la capital de los Estados Unidos y la naturaleza después de haber regresado del extranjero. En medio de las visitas a estás ciudades nos toco regresar a Nueva York para los exámenes médicos y enviar los papeles a Migración. Cuando llegamos del primer viaje pudimos enviar todo el montón de papeles de Migración debido a que el certificado de matrimonio ya había llegado por correo. Trate de enviar toda la papelería lo más pronto posible.

En octubre fuimos a una entrevista para la residencia temporal. Las preguntas que hicieron fueron tan raras que me cogieron fuera de base, yo pensé que solo era ir por la tarjeta de residencia y ya, pero a veces es bueno no estar preparado. Yo estaba abierto y sin protección, hasta que me di cuenta de lo serio de esta situación. Diana había estudiado una lista de posibles preguntas y estaba preparada, pero yo nunca pensé que era en mi en quien desconfiaban. Le pregunté a la señora que nos entrevistó que cuando nos iban a separar para hacernos las preguntas, y después de la entrevista, me respondió que hacen esto cuando sospechan que el matrimonio es fraudulento. Yo pensé que lo hacían en todas las entrevistas. Esto me pasa por ver tantas películas. Les mostramos las fotos de la boda y la luna de miel. La entrevista cambio cuando Diana y la mujer empezaron a hablar en español en el medio de la entrevista, la señora nos dijo que nos daría la residencia. El tono de la entrevista fue muy amigable y cómoda. A pesar de estar asustado en el principio de la entrevista me logré calmar y empecé a contar historias sobre mi vida, como nos conocimos, mis viajes a Colombia, nunca mentí, porque ello empeoraría la situación.

Retomando la historia de nuestra luna de miel, un día

después de la boda la pasamos con mis dos amigos Jan y Steve, los cuatro manejamos a la ciudad de Nueva York y visitamos el Museo Metropolitano de Arte. Me acuerdo que me alteré con un guardia de seguridad que evitó que filmáramos las esculturas del jardín en la terraza pero pudimos tomar algunas fotos. ¿Cuál es la diferencia entre una filmación y unas fotos? El sol iluminaba y el calor estaba delicioso y lo mejor era que estaba con mis tres personas favoritas de este mundo.

En la tarde fuimos a la pequeña India y encontramos mi restaurante favorito. Muy educadamente y sin ninguna agresividad Jan removió de su manga una cucaracha, luego notamos una pared llena de pequeños visitantes mirando nuestra comida (moscas), a todos se nos acabo el apetito y el restaurante perdió a uno buenos clientes.

Esa noche nosotros cuatro nos sentamos en el patio debajo de los árboles y terminamos la comida que había quedado de la boda. Fue un día maravilloso; en la mañana fuimos a dejar a Steve al aeropuerto y le dijimos adiós, ya había devuelto el carro que rento en otro aeropuerto. Por fin estaba solo con mi nueva esposa, fuimos a casa a charlar y hacer lo que hacen los recién casados.

El resto del día lo usamos para empacar una maleta pequeña y meterla al carro porque nos íbamos de viaje a Washington D.C. Que mejor lugar que la capital de la nación para enseñarle a una persona del extranjero. Las cinco horas de viaje se fueron volando y pronto encontramos un hotel económico, el que yo había reservado por el Internet el día anterior, después de organizar el cuarto fuimos a ver los monumentos en la noche. El primero fue el Memorial de Lincoln, llegamos al anochecer, estaba caluroso y la gente que se estaba subiendo al monumento parecían fantasmas oscuros. El monumento de mármol blanco y la intensidad de la luz le dio un aire de eterna calma. Todos en el monumento estaban callados y pensé como era que tanta gente estaban brindando respeto en ese momento; nadie grito o se alboroto. Todos estábamos orgullosos de ser americanos, todos teníamos una expresión de tranquilidad y fue bueno verlo. Luego manejamos al monumento a la memoria de Jefferson; allí había menos gente, no había acceso y nos toco caminar mucho para llegar allá, a veces el camino estaba oscuro. Me recuerdo años atrás a los carros los dejaban llegar hasta el monumento, ahora como muchas partes en América los monumentos están bien separados de las personas con barricadas y seguridad, la protección es prioridad antes que dejar la gente acercarse a ellos. Mi país ha cambiado mucho y mi nueva esposa no sabe nada de cómo era antes. La gente es la misma, pero ahora lo que fue la propiedad de la gente se ha convertido en la propiedad de los ricos y poderosos. Me desilusiona mucho esto, preservar los monumentos antiguos es una cosa pero encerrarlos y mantenerlos lejos de la gente común es una perdida de los verdaderos valores de libertad y democracia. Algunas de estas ideas se las comenté a Diana; algunas palabras no las entendió; nos estábamos apenas conociendo.

A la mañana siguiente, nos levantamos y caminamos a la parada del bus donde tomamos el bus para el Centro Comercial Nacional, éramos los únicos de raza blanca en el bus. Diana tiene una manera muy particular de entender a la gente. Ella notó que todos los pasajeros lucían tristes y aburridos; ellos no estaban de luna de miel, muchos iban para el trabajo y estaban cansados de la rutina diaria; era la primera vez que Diana veía esta situación en los Americanos que poco sabemos de ellos. La pobreza de las viviendas en los barrios, la mirada triste de los pasajeros y la desesperación en ellos cambio en el instante que entramos al centro, era como pasar de una zona muerta a un lugar donde se esta filmando una película. Nos bajamos y caminamos en aceras de concreto sin un hueco en ellas, las esquinas eran perfectas con pequeños parques bellamente mantenidos, con estatuas de acero de los monumentos de los veteranos de guerra en todo el camino que nos llevó a los museos. Teníamos la cámara de video y de fotos. Filmamos todo, excepto la pobreza de unas cuantas cuadras antes ¿Cómo esto puede pasar en un país tan rico? Diana me lo comentó con un inglés perfecto cuando estábamos en el bus.

Caminamos por la Avenida Pennsylvania para llegar al museo de Arte Nacional, cruzamos la calle y entramos del lado opuesto de un edificio, cerca al centro comercial. Las obras de arte y la atmósfera del museo nos llevo a caminar más despacio. No había nada que hacer solo disfrutar con nuestro sentido visual. Vimos cuatro cuadros de la Vida de Thomas Cole, las galerías de Rembrandt y el pintor favorito de mi madre, Jean Baptiste Camille Corot; sentí a mi madre estaba con nosotros, quería impresionar a Diana nombrando a todos los artistas antes de verlos en las placas pequeñas; era lo que yo sabía muy bien. La paz dentro de las pinturas se regaron en los pasillos como aire cerca del océano. Nos cogíamos de la mano y nos abrazábamos como dos estudiantes; al mediodía sacamos el almuerzo que habíamos llevado y nos sentamos en la cafetería de el sótano del museo a comer y a reír un poco.

El museo del Indio Nativo Americano fue el segundo de la lista de lugares a conocer, mi fascinación por los primeros pobladores en América se ha desaparecido desde que era niño, miramos la joyería y las artesanías manuales con mucha curiosidad, cuando pasamos por un cuarto cuya pared tenía objetos de oro de la edad pre-colombina, Diana saltó de la emoción. "esto es de mi país" dijo; una masa espiral grande de oro llenaba la pared detrás del vidrio. Ahora estábamos viendo algo real, no extranjero, algo de su propio país, estaba contento por ella. Era la segunda visita mía al museo. Desafortunadamente, en mi primera visita con mis estudiantes nos dijeron que nos retiráramos del museo debido a un estudiante grosero y maleducado; tenía que ser yo el responsable de aquel estudiante el cual no estaba supuestamente asignado a mi grupo, nos sentamos afuera por una hora a esperar a los demás estudiantes. Esta vez si ví todo el museo, lo mismo que cada curva; no había una esquina ni un cuadrado en todo el edificio, solo círculos de la vida.

El jardín botánico era nuestra próxima parada; estaba ocupado tomando fotos y no me moleste en descubrir nuevas amistades, me prometí que esta vez estar casado seria como caminar en un jardín. Quedamos impresionados con las orquídeas en un cuarto pequeño con luces tenues que no nos permitía tener una imagen clara. Tome unas foto buena y miles de fotos malas, pero aún así seguí tomando fotos. En el salón de la selva tropical nos perdimos el uno del otro, alcancé a ver a Diana desde un lugar más alto, era la primer vez que estábamos separados.

Esa noche nos devolvimos al hotel en bus, la gente que regresaba del trabajo parecía de mejor humor que los de la mañana; Diana siempre le daba las gracias al conductor. La caminata era dentro de un barrio vacío con bodegas, no nos importó porque estábamos seguros, la entrada del hotel estaba llena de turistas japoneses, el cuarto nos esperaba. Comimos en el cuarto del hotel al estilo bohemio.

El segundo día fuimos al museo del Espacio y al museo de Historia Natural, era fin de semana y mucha gente iba y venia del centro comercial, el viaje en bus y las caminatas diarias constantes nos dejaban muy cansados, tomábamos muchas pausas y nos sentábamos en los bancos de los parques, la temperatura estaba más alta que el día anterior.

Como les había contado antes, manejamos de regreso a Nueva York y recibimos el certificado de matrimonio por correo y nos faltaba el último papel para completar los documentos de Migración para obtener la residencia. Hicimos una cita con un doctor cerca de donde vivíamos para el examen médico requerido, esperamos un día más por los resultados del examen de SIDA. Después de cuatro meses de haber preparado todo, línea por línea, enviamos todos los papeles a tiempo y sin ningún contratiempo. Si hubiera tenido cualquier problema o error se nos hubiera demorado mucho la residencia. Yo hacia una lista y la colocaba encima de cada paquete de papeles, así la primera cosa que yo queria ver era la lista. Escribí cinco cheques que envié con cinco paquetes. La llegada de Diana, el permiso de matrimonio, la boda y todo el papeleo para Migración; ya habían pasado unas cuantas semanas y ya todo esto era historia, y como una flor, nuestras vidas estaban germinando. Cuando terminamos de completar las responsabilidades del papeleo, no volví a desesperarme por nada, estaba comprendiendo mejor el inglés de Diana y mejorando mi español.

Salimos para New Hampshire y Maine después de pasar unos días agradables en nuestra casa en Long Island. Nos inscribimos en los Campamentos de América (KOA), encontramos nuestro campamento después de manejar siete horas hacia el norte, estaba a unas cuantas millas al sur de Littleton, New Hampshire, cuando estaba caminando en este pequeño pueblo me acordé que había visto un programa de televisión sobre sus problemas económicos y también de los turistas nuevos que lo estaban visitando. Era un lugar lindo de América y perfecto para mostrarle a mi nueva esposa como era mi país por dentro, encontramos tiendas con unos finos toques que acompañan un orgullo nacional. La tienda de dulces más grande del mundo estaba al frente de la biblioteca pública; tiendas hippies con cristales, incienso y campanas son mis favoritas, compramos una manta con los siete símbolos de Chacras, era negra y los símbolos en colores vivos.

En el campamento levantamos la tienda de campaña en una plataforma de madera cerca a un lago pequeño, y ahí escuchábamos el sonido de la corriente de agua y sentíamos la fragancia de los pinos. Teníamos camillas y mantas gruesas, lo mismo que bolsas de dormir, las cuales compré antes que Diana llegará. El carro estaba lleno de provisiones. Una nevera, nuestras bicicletas era lo que teníamos que descargar y organizar, teníamos provisiones y ropa no sólo para tres semanas sino como para todo el año, hice una fogata y prepare las camas para la noche, y esa noche se pronosticaba unos aguaceros. Y llovió.

En la mañana estábamos calientitos en nuestras bolsas de dormir y desafortunadamente, se nos entró la lluvia a la tienda y encontramos un charco de agua a nuestros pies, algunas de nuestra ropa sirvió como esponjas para chupar el agua. Necesitábamos ropa seca, usamos casi todas nuestras toallas para secar el piso de la carpa, las escurríamos afuera y las entrábamos para continuar el mismo proceso. Nuestro nido de amor se convirtió en una piscina, que pesadilla. Diana tomó todo con calma era la primera vez en su vida que acampaba, a pesar de esto estábamos juntos enfrentando nuevos retos.

Fuimos a una ferretería local a comprar un liquido que protege la carpa del agua. La llovizna terminó cuando regresamos y entonces empecé a colocarle el liquido a la tienda de campaña. Toda la ropa extra y las bolsas la sacamos de la tienda de campaña. El riachuelo estaba creciendo de tanta lluvia de la noche anterior; no se entro más el agua porque creo que por estar en una plataforma esto no paso. Organizamos el campamento y nos fuimos a buscar cosas interesantes para ver. Manejamos hasta el parque estatal y caminamos para ver el Viejo de la Montaña, estábamos desconcertados a pesar de mi buena imaginación, me sentí muy confundido cuando no pude ver ninguna cara en las piedras, luego algunos turistas pasaron y dijeron que se había caído el invierno pasado, el Hombre Viejo ya no estaba. Me tranquilizó oír esto y me dio lastima al mismo tiempo; al menos no estaba loco, la erosión y el deterioro natural de la tierra se llevó a mi amigo el invierno pasado, esta información no la habían actualizado en las cartillas del parque todavía, gracioso pero cierto.

El parque estatal Franconia estaba en el mapa, nos dirigimos allá. Estacionamos el carro y viajamos en un bus a los caminos de esta belleza natural, les preguntamos a unos judíos Jasidicos y a unos indios inmigrantes que nos tomarán las fotos. El sonido de las caídas del agua en el pequeño riachuelo sonaba como un tren ruidoso, no era fácil hablar con nadie, entonces nos tocaba mostrar la cámara a la gente y hacer acciones con la mano para indicar que queríamos una foto. Vimos el primer puente cubierto construido en New Hampshire y leímos la historia de como un pescador llamado Franconia había descubierto a Notch. Notch esto era una roca cubierta de moho en un gran río caudaloso corriendo entre dos paredes muy altas de granito. Nos regresamos en carro y manejamos hasta el pueblo de North Conway; como había tanto tráfico porque estaban ampliando las vías, eso ocasionó un pesado tráfico en el pequeño pueblo, mientras tanto pasamos a los baños de un McDonalds.

La segunda noche en la carpa fue mucho mejor, llovió pero nada como la noche anterior; era más manejable y en muy poco tiempo terminamos de limpiar con el trapeador, luego desayunamos. Cuando fuimos a bañarnos empezamos a conversar con un trabajador del campamento e inocentemente le conté que mi esposa era de Colombia; el hombre hizo un chiste de drogas y valijas llenas de dinero, no le preste mucha atención, él creyó que era gracioso. Diana estaba irritada y me toco escuchar todo su enojo por unos minutos: "mi país es uno de los mejores del mundo y no todo es droga", dijo ella, y no entendí muy bien lo que dijo , porque cometió algunos errores cuando hablaba. Luego cambiamos de tema y le trate de explicar que el hombre sólo quería entablar conversación y ser amistoso y no quería discriminarla

Bromas acerca de las diferencias de las personas, no dan mucha gracia para las personas que los reciben, solo son chistes para aquellas personas que se creen superiores, ser el punto central del chiste es triste. Era la primera vez que me di cuenta de una discusión sobre el tema de la emigración de esas "otras personas". Luego el hombre empezó a hablar de la inmigración ilegal de trabajadores, mi única justificación era que a este hombre nunca había estado en contacto con gente fuera de su país, lo tome por ignorancia; Diana lo tomó como un gran insulto. Los prejuicios se pueden ocultar y tal vez borrarlos si se toman como una broma.

En los limites de Maine visitamos unos viejos amigos míos. Años atrás estuve en un pueblo pequeño llamado Weld; conocí a algunas personas allí. Estuve ahí de vacaciones con un hombre que tenía una pequeña cabaña; a veces en el verano me daban permiso para quedarme allá por cinco o seis semanas, no tenía electricidad o agua, pero me encantaba. Colocaba mi radio en

NPR y la pasaba pintando y tocando la guitarra. Habían abierto una pequeña galería de arte y yo daba conciertos y presentaciones de arte, la galería de arte era una caballeriza renovada, el dueño vivía en una casa adjunta. Esta tenía una tienda en el primer piso y se llamaba la Galería de Milfords. Después los caballos que vivían allí murieron, luego los dueños se hicieron cristianos y se alejaron del negocio del arte.

Jane y Pete han sido muy buenos amigos míos por muchos años, conocí a Jane en la rivera de un río un día de verano; su hermana Phobe nos pregunto a mi y otro músico si teníamos algo para la guitarra de su hermana; llevamos las guitarras y comenzamos nuestra amistad musical. Pete y Jane vivieron juntos después que el esposo de Jane la dejo por una cuñada del él. Esto pasa en todas partes y tambíen en un pueblo pequeño. Soy un miembro honorable de la familia. Yo puedo ir a Maine a cualquier hora y se que allí está mi segunda familia, la verdad es que yo tengo mejor relación con ellos que con mis propios hermanos. mis dos padres están muertos y solo me comunicó con una hermana mía. La separación ha estado pasando por casi treinta años, después que yo divulgué el abuso sexual de mi hermana por mi abuelo a mi tía (su hija), cada uno tomo lados diferentes y hasta ahora esta negativa nos ha separado; meter la basura debajo de la alfombra es la norma.

Les había llamado una semana antes y les pregunté sí podía usar su patio para instalar mi tienda de campaña, el baño y la regadera estaban a pocos metros en una casa calientica; a la siguiente semana fuimos a algunos viajes locales alrededor de la bahía para ver lugares turísticos: Diana vio su primer feria con exhibición equina y todo, nos tomamos una foto debajo de una estatua grande de Paul Bunyan. El cerrajero mitológico de Maine, manejamos dos veces al parque estatal de Arcadia, nos recostamos en las piedras donde las olas altas se chocan. El papá de Jane vive a metros de cada uno en pequeños lotes de tierra, algunos juntos, algunos separados por la carretera; el padre de Jane se llama Tim, él hizo historia en ese lugar pues creció en una finca en la montaña cuando el valle era habitados por unos miles de personas; su familia era bien pobre, de pies descalzos, vivieron en la época de la depresión y se mantuvieron calienticos durante el invierno porque ponían a tres o cuatro niños a dormir juntos. El venia de una familia de doce, su madre murió y su padre se casó con una mujer que se encargó de los hijos como si fueran los suyos, ella era pintora; yo he visto sus cuadros en varias partes.

Su nombre era Janet Dexter Stores, la primera vez que vi. uno de sus paisajes y supe que tenía mucho talento, sus pinturas están colgadas en la Sociedad Histórica local, de alguna forma ella encontró tiempo entre ser madre de tantos niños y pintar creativamente; su arte me ha impresionado profundamente, sus pinturas son de paisajes locales que son mis favoritos: Tim nos contaba historias de esos tiempos difíciles mientras yo apreciaba sus cuadros en la cocina.

Antes que la mamá de Jane muriera hice un musical en el ancianato en el que ella vivía, a través de unos amigos, conocí otro músico llamado Jim; él vivía en una casita ubicada en lo profundo de un bosque, hacia canastas de madera al estilo de los nativos americanos; le dije que me enseñará a hacerlas, todavía la tengo. Tocábamos música con otro hombre llamado Jim de Nueva York. Nuestras presentaciones en Milfords y el parque estatal local rápidamente nos hicieron amigos de los residentes locales, los tres siempre nos sentábamos hasta tarde con Peter y tocábamos música; Jane trabajaba en una cárcel lo cual hizo que se jubilara más rápido. Fue muy grato lleno de promesas y buenas historias, nos reíamos de nosotros mismos hasta que nos dormíamos en un cuarto grande arriba del garaje, su ex-nunca terminó ese cuarto y un jaccuzi dañado estaba en la mitad del cuarto pero teníamos un cuarto seco y unas bolsas de dormir para mantenernos calienticos, la estufa de leña era usada sólo en las noches frías y nosotros escribíamos canciones estúpidas para cantar en nuestros conciertos; cuando llegue con mi esposa nueva ambos de mis amigos llamado Jim había pasado a la historia, yo era el único que mantenía contacto con ellos, ¿Por qué la gente pierde contacto con los otros es muy triste y extraño, a pesar de tener tanta tecnología no nos mantenemos en contacto con ellos.

Jane y Pete nos dieron una calurosa bienvenida y el resto de la familia aparecía de vez en cuando, no hay horarios normales, las puertas siempre están abiertas, podríamos estar cerca de una fogata en la noche, o en la cocina, eventualmente, vimos a todos acá o allá; fue allí cuando Cassie la hija de Jane tuvo a su primera hija, yo hice un video de el bebé en el hospital, se los mandé a Maine a ellos para que tuvieran un recuerdo de este pequeño milagro, Billy, el esposo de Cassie, trabaja con su padre pintando casas. Cassie y Billy se mudaron para Florida por algunos años pero decidieron regresar a Maine; mis amigos de Maine son como los amigos míos de Nebraska cuando yo vivía allá, nosotros no teníamos que llamar a nadie para ver si ellos estaban en casa. Si alguien llamaba era un extraño o algún desconocido, se vivía muy espontáneamente, la formalidad era muy de la ciudad para nuestra forma revolucionaria de vivir la vida.

Diana hizo su debut cuando cocinó frijoles con arroz un plato colombiano, Diana quería encontrar familia y lo logró, los amigos de Maine se asemejan a la gente de Colombia, ella les contó. La vida desinteresada es benéfica para el alma. Nadie anda compitiendo, a pesar que el consume de cerveza es un poco excesivo pero el solo hecho de sentarse alrededor de una fogata en la noche te invita a disfrutar en forma relajada de las cervezas. La dureza del invierno deja su huella como las manchas de mugre en una bañera vieja. Se dejan las cosas en el patio por meses y cuando menos lo piensas han estado allí por años; la casa y la caballería tiene manchas tan altas hasta donde llega la nieve. Para que pintar si el invierno siempre gana

Algo que me disgusta de Diana es que me toca en el brazo cuando estoy manejando, al principio pensé que era un gesto muy agresivo, trate de hacerle lo mismo a ella, pero creo que no le importó tanto, cuando manejo me toca y me molesta por algo muy insistentemente. Ella lo hace para hacerse entender, me enloquece;

no tuvimos una luna de miel perfecta, pero no fue por las incomodidades, éramos ya bastante mayorcitos que la mayoría de los recién casados, a veces, yo tenía mal genio, Diana hablaba más que yo, ella no escuchaba tanto como conversaba. Yo siempre escuchando y tratando de entenderla, para mi esto no era un ejercicio casual para Diana lo mismo estaba sintiendo pero no decía nada

Un día lleve a Diana arriba de una carretera destapada entre dos montañas en la cual había poco tráfico, paré el carro y le dije que cambiáramos de silla, ella casi no lo hace, manejó un poco y lo estaba haciendo muy bien, ella iba a siete u ocho millas por hora; luego le enseñé a reversar, ella manejó un poco y yo traté de mostrarle como voltear mientras estaba reversando, la ayude a voltear al lado de la carretera, íbamos manejando derecho y le dije que manejara más rápido, ella así lo hizo, luego me dio mucho miedo, grite "para, frena, para" recuerdo su cara estaba riéndose nerviosamente hasta que se salió de la carretera llevando el carro hacia unas rocas y una línea de arbustos, lo único que nos salvo de no voltearnos fue una roca inmensa que rompió el amortiguador delantero y algo debajo del chasis; grite que "parará el maldito carro" ella estaba llorando, llena de miedo y lagrimeando como un bebé. Me metí en los arbustos para buscar el amortiguador y las piezas de plástico. Esto es un ejemplo de como no empezar una clase de manejo, Diana nunca se había sentado en la silla del conductor mucho menos manejado un carro antes. El trauma de ese día probablemente nos salvo las vidas y causo un miedo muy hondo lo mismo que una profunda herida, pasaron meses antes que ella volviera a manejar de nuevo. Esta vez practicamos en un parqueadero de una playa meses más tarde.

Le tengo que corregir a Diana su versión del accidente y recordarle que la parte trasera del carro no hubiera sido dañada si estuviéramos manejando en reversa, ella solo se acuerda de haber manejado en reversa, el resto se le olvido por completo, esto fue la segunda vez que admitió que me odiaba y que se preguntaba que diablos hacia ella en semejante matrimonio tan desagradable;

desde ese momento le he ayudado a pagar la clases de manejo y he tratado de imaginarme por que soy tan idiota. Peter me ayudo a alzar el carro para asegurar algo debajo de la carrocería. Mi cola todavía esta entre mis piernas, en reversa.

No estoy inmune en cometer errores , y cometeré muchos más ni siquiera quiero pensar sobre mis pobres cualidades, pocos días después que nos fuimos, propuse que deberíamos de subir una montaña, Peter nos comentó que era un camino fácil, alcanzamos la meta pero Diana estaba cansada. Ella se cayó y se raspó su cadera bajando de la cima. Lo que pensé que iba a hacer unas cuantas horas de caminata, resulto ser seis horas de extremo montañismo. Mi esposa se estaba acostumbrando a un idiota real; ella me contó que después de esto ella estaba dispuesta a devolverse para su país natal, yo le creí, usualmente, una luna de miel es eso. Me he tratado de reconciliar, yo no sabia el dolor que le estaba causando, algunas veces, nunca veo su punto de vista, ella me ama y los dos cedemos mucho, ahora hacemos caminatas en caminos menos empinados.

Pasamos muchas noches abrazados dentro de la carpa sin madrugar mucho solo hasta que Jane y Peter se iban a trabajar, era una casa grande y el patio era todo para nosotros jugar, detrás de la casa hay un camino de madera que nos llevaba al bosque, veíamos a Tim en su overol dos cuadras mas abajo, el caminaba con un bastón en su mano y un cigarrillo en la otra. El estaba haciendo sus tareas seguido siempre paso a paso por su viejo perro; el olor a pinos y el sonido ocasional de un carro pasando por el húmedo pavimento añadida a la paz solitaria que se derramaba en nuestras almas como miel de maple. Toda esta vida tan tranquila nos invadió nuestras almas, apenas nos acordabamos de nuestra casa en Long Island; nos despedimos e hicimos el viaje de regreso a casa de nueve horas en un día entero.

En los siguientes días, invitamos algunas personas a casa; mi amiga Victoria vino un día y dos de mis antiguos alumnos de fotografía vinieron a almorzar, muchas tardes las usábamos almorzando con conocidos en el patio, tenía dos semanas libres antes de yo empreñar el año escolar, me estaba aburriendo y decidimos salir en carro a pasear de nuevo, volvimos a sacar todo lo del campamento y encontramos un sitio de acampar fuera de Washington DC, después de cinco horas de viaje levantamos la tienda y solo fuimos a dormir. Al día siguiente tomamos el tren y volvimos a visitar el centro comercial Nacional, todo el día la pasamos visitando los museos de arte, habíamos comprado un boleto especial del tren y debíamos regresar a las cinco de la tarde, en la noche fuimos al cine y vimos una comedia, el centro comercial estaba lleno de jóvenes caminando como si fueran los dueños del mundo, preocupados de ellos mismos sin importarles las demás personas en el planeta, Diana dijo que se parecía a El Extraterrestre (ET); nos estábamos acostumbrando a el lenguaje de cada uno, disfrutar cada momento era lo más importante

Hicimos reservaciones para otro campamento KOA en Williamsburg, Virginia para ver los sitios coloniales, levantamos la carpa en un lugar solitario del campamento; los moscos hicieron demasiada bulla en el campamento y esto nos facilito la dormida, al día siguiente manejamos por una hora y nos quedamos en un campamento en las afueras de las playas de Virginia, esa noche compramos algunos regalos , escuchamos un concierto de música clásica y caminamos en el agua cerca de la playa mirando las luces del malecón , Diana me tomo mi mano y me dijo que me amaba, que era el mejor esposo del mundo, mientras caminábamos en el agua yo no quería que el verano se acabara, nosotros estábamos reviviendo los buenos momentos y como una bendición se nos olvido que era lo feo y lo estúpido, estabamos compartiendo nuevos territorios, nuevos amigos, y empezar a entender porque ambos habíamos hecho semejante brinco de fe.

CAPITULO 5: LA CULTURA

La cultura es la piel gruesa que usamos para identificar lo que es familiar y lo que es cómodo para todos nosotros, muy adentro llevamos la misma identidad genética, todos tenemos los mismo antepasados africanos y todos nosotros sufrimos, reímos y mantenemos lazos fuertes con amigos y familiares, también estamos condicionados a creer que nuestra cultura es la mejor de todas, sin ninguna excepción; a pesar de este sentimiento tan profundo, somos todos tan comunes a todos nuestros hermanos y hermanas, entonces ¿Cuál es el problema?

Nuestro matrimonio es obvio que esta entre dos países diferentes, pero un poco raro por haber sido en dos tiempos distintos. Mi familia vivió al principio de los años cincuenta que es la misma clase de vida de la familia colombiana de hoy; lo más importante es la familia y los amigos, sin muchos bienes materiales la gente puede disfrutar con solo platicar y buscar la verdad elemental de la vida futura, con sólo sentarse y cortar el pan. Desafortunadamente, nosotros usamos la cultura para reforzar o acusar una situación que de dio; a veces la cultura es una medalla de honor, otras veces es un insulto a la ignorancia.

Una vez asistí a una boda en Bali, Indonesia; me tocó caminar casi una milla cuesta arriba, una casa que en occidente se le consideraría una casucha; no había agua potable, las personas acarreaban el agua y las cargaban en sus cabezas, a lo largo camino el viento soplaba y se encontraban algunas casas y los niños estaban cargando cuesta arriba unos montones grandes ladrillos en sus cabezas, en la casa había perros y gallinas a los que consideraban parte de la familia, el perro vivía en la casa; la boda duro varios días, estuve allí en el momento en que los invitados daban tributo a los novios, cada invitado debía de dar un regalo a los novios para mostrarles su respeto, lo mismo que a los padres del novio pues era en su casa en la cual los nuevos esposos vivirían; la comida estaba llena de moscas, los niños tenían muchos mocos en su cara y las moscas zumbaban alrededor de ellos, las personas se reían como si yo fuera un extraterrestre de

Marte yo era un invitado de honor, mi regalo fue dinero, era poco, pero mi actitud era de respeto y agradecimiento de haber sido invitado a la boda; todos nos dimos cuenta de esto cuando nos sentamos en una alfombra con las piernas cruzadas, y tomando un licor claro hecho en casa que sabia a gasolina.

Me hice amigo con el conductor que contraté en la villa local, él a cambio me presentó a su primo que estaba celebrando su boda, la villa era una comunidad de pescadores y habían tres hoteles con vista al mar recientemente construidos; debido a que no habían muchos peces no habían muchos botes pescando, estos botes bellamente decorados eran el orgullo de sus dueños. La condición social estaba asociada a tener una de estos bellos botes. Muy temprano en la mañana antes de salir el sol los hombres montarían en sus botes y se irían mar adentro, en el horizonte se veían luces brillantes como estrellas en una gran línea blanca, las linternas de kerosen indicaban la cantidad de pescadores usando sus redes como sus antepasados lo hicieron hace muchos años.

Mi nuevo amigo balines me contó que tuvo una novia australiana que le compró a él un bote pero como las corporaciones japonesas eran las encargadas de pescar; estos estaban muy escasos y él poco salía a pescar, su modo de vida dependía más en conocer mujeres turistas y cortejarlas en la playa por dinero o sexo. En la boda conocí a su mujer é hijo, él me ocultó esta información hasta que otro pariente me presentó a su esposa, supe que estaba en el círculo familiar cuando me contó que sus negocios eran aparte de su vida familiar, él decidió no contarle a su esposa de sus negocios y me pidió ser reservado con este asunto, de todas formas no hablaba su idioma pero me dí cuenta de las características típicas de los hombres, esconder el hecho de ser mujeriego es universal y despreciable en cualquier cultura. Los hombres hispanos se caracterizan por ser mujeriegos también, Diana tiene muy buena imagen de su cultura y su país, ella es rápida en comparar los errores de los americanos, y alagar a los de su país; en los Estados Unidos pagamos un precio muy alto para tener comodidad material, este precio viene acompañado de soledad y una aislamiento de la vida en sociedad, cosa que en otros países si mantienen una vida normal día a día, yo he visto mucho en el mundo para decir que la calidad de vida es muy diferente a el resto del mundo en comparación con los Estados Unidos. Diana tiene un punto de vista acerca de la sociedad como si fuera como un reloj con la hora en punto. Los pordioseros en las calles son considerados ciudadanos de segunda y nunca ocuparan el centro de atención y se les consideran unos desafortunados sin ninguna educación; en el alma de los súper poderosos de Estados Unidos hay un cáncer que es curable, pero nunca tratable, pero piensan curarla con una curita de una legislación temporaria; la velocidad de la carrera es más importante que los corredores. Mis comienzos tempranos en la vida artística cultural me da la habilidad de criticar con tristeza y frialdad la conformidad. Yo me siento como un ciudadano internacional, sé que de alguna forma soy un egocéntrico y me culpo de ser americano. Mis viajes a Costa Rica y Colombia me han enseñado que todo mundo en el hemisferio es americano, y yo sólo soy un norteamericano, en verdad, solo soy un miembro del planeta tierra.

Yo sé como se siente ser empujado a otra cultura, el comportamiento y las costumbres son diferentes, lo he experimentado tantas veces que viene a ser un cambios de conciencia y no un obstáculo para mi supervivencia. El juego de la vida es adaptarse y ajustarse, si usted se estanca en su cultura en estos tiempos, es mejor que se acostumbre al movimiento constante de las circunstancias de la vida, no les puedo contestar si fue mejor en el pasado o si la cultura americana globalizada va a ser del mundo una horrible pesadilla, sé que está pasando y estamos en medio de una tremenda cultura global.

En los Estados Unidos estamos acostumbrados a la influencia de muchas culturas, por casi treinta años ó más nos han inundado con la influencia de hispanos, mayormente en Nueva York, Texas y California; sólo en Nueva York tenemos muchos barrios de diferentes culturas que hace de la ciudad un lugar agradable y excitante para visitar. Nosotros abrazamos las nuevas influencias como si fuera un viaje a Disneylandia, y yo no digo que no hay racismo hacia los negros o hispanos. Para los afro- americanos tradicionales sus vidas han sido una lucha injusta en una sociedad tan rica como la americana. Sé como la gente juzga a Diana por su acento, ella se ve hispana o del Medio Oriente, ella me cuenta como a notado la impaciencia de las personas cuando Diana les habla y ellos no le entienden por su acento.

Creo que la religión y la cultura son los dos grandes tropiezos para el progreso en el mundo, se que mi propia cultura necesita mejorar, también se que no tengo raíces profundas de tradición; mi cultura no es singular. Soy irlandés, italiano, alemán pero primero seré norteamericano, esto quiere decir, que estoy en constante cambio en los arroyos del modernismo, experimentando el cambio cuando pasa. Fueron tanto los cambios de mi pasado que no alcanzamos a sostenernos en ninguno de ellos; las expectativas de nuevas y diferentes experiencias fueron cambios importantes en el crecimiento americano, cosa que nos identificó en el mundo como por ejemplo en el baile, con el tipo de ropa que usamos, la comida o tradiciones; debido a esto no se puede apreciar ninguna otra cultura. Mi abuela irlandesa (de segunda generación) chapeada a la antigua no era tan irlandesa como las personas que representa el conservatismo tradicional mezclado con un poco de racismo con la gente de color, según ella el buen carácter de la gente siempre ha tenido conflictos separando las religiones, las sociedades y la identidad étnica, nunca entendí esto, lo tomó como falso orgullo. Estoy seguro que esto me ha afectado ver el proceso de adaptación que tiene Diana a la vida americana; es una línea fina entre arrogancia y orgullo.

La comida es algo importante en las culturas, perros calientes, o mejor perros calientes de pollo; no con salchichas, ¿Por qué es tan difícil entender esto? Ahora sé que no es bueno para la diplomacia empezar a hablar de comida en forma negativa, les debo de decir que mi casa ha sido un popurrí de olores de platos fantásticos, exóticos y deliciosos (qué como lo hago, no sé) comer los perros calientes sin salchichas. Los perros calientes son una parte de la vida de los americanos, ésta es la comida de los juegos de béisbol y asados de verano, nada de arroz o espaguetis.

En el cuarto mes de mi matrimonio tuve que hacer una

petición especial, perros calientes sin salchichas, al principio este fenómeno del uso creativo de los perros calientes fue interesante, le di una C, como calificación al combinado de espaguetis con arroz un nuevo matiz, y pensé que podría llegar a ser un nuevo platillo en la dieta de los americanos. Me empezó a gustar estas nuevas combinaciones de comidas, sabía que nunca había visto ningún perro caliente con arroz en Costa Rica o Colombia, éstos dos países están sólo separados por Panamá y ninguno usa perros calientes, la única separación que yo estaba añorando era el pan alargado que se usa para los perros calientes, además mi dieta viene de lo fuerte de mi cultura. Me ha tomado muchos años tratar de cortar los malos hábitos alimenticios que herede de mi padres, deje de comer carnes rojas, pan blanco y azúcar, el café no es parte de mi dieta, ni mucho menos gaseosas. En Colombia las salchichas son del mismo tamaño de los perros calientes por eso mi nueva esposa se confundió; salchichas revueltas con arroz es rico, pero perros calientes revueltos con arroz no me gusta.

 Las porciones de comida que Diana me daba al principio me estaban engordando mucho. En Colombia el peso de el hombre va relacionado con las capacidades culinarias de la esposa, la comida está ligada al amor y la afección. Diana no entendía mis hábitos alimenticios, ella probó algunas de mis comidas como: pan integral y cereal, ella empezó a tomar vitaminas pero paro porque la estaban engordando, la comida y las vitaminas la estaban hinchando, llenando de gases y también constipándola. Honestamente yo no pensé como una dieta diferente a lo que ella estaba acostumbrada le traería problemas. Un desayuno en Colombia se come con arepa, huevos, frijoles y un taza de café con leche. Nunca toman café negro, lo toman con más o menos con algo de leche, además la leche debe ser caliente. No tengo ninguna duda que la dieta típica de Colombia es mejor que la dieta de los americanos, tuvimos unos altercados por la cantidad de comida, si el contenido de grasas, y si se freía o no la comida. No es fácil decirle a tu nueva esposa que la comida que te da te está matando.

 Lo que ha pasado es una mezcla de nuestras comidas, las más

saludables las he adoptado en mi dieta; mis favoritas son las arepas (torta de maíz delgada y plana) otras comidas las pruebo ocasionalmente como son los buñuelos (una dona redonda de queso sin hueco) pero sé que engordan y no son buenas para mi salud. Ahora compró salchichas de pollo, a pesar de que adoro los perros calientes con mis espaguetis, la ensalada es ensalada en cualquier parte, es necesario comer verduras crudas en tu alimentación diaria, es mucho más fácil hacer esto en Colombia que en los Estados Unidos En Colombia las frutas y verduras se pueden comprar en las calles en cada esquina, los jugos de frutas están listas para ser vendidos por vendedores ambulantes en cualquier calle, por supuesto sin ninguna regulación de salud pública, pero las enfermedades que se puedan contraer no importan por lo natural y saludables de las frutas,

En el mundo latino los roles masculinos y femeninos son más fáciles de definir; en los primeros meses de nuestro matrimonio Diana insistía en alimentar a su hombre, en limpiar la casa todos los días, digo todos los días, yo sentía que eran responsabilidades que debían de ser compartidas, yo viví toda la revolución sexual y la liberación de la mujer. Esto me puso en una situación difícil cuando trate de liberar a mi nueva esposa. A ella la criaron y entrenaron para ser una mujer sumisa por tradición. Ella pensaba que debía de cocinar, a mi me gusta cocinar, ella pensaba que la mujer debía de limpiar, a mi me gusta limpiar, yo me he acostumbrado a cuidar de mi mismo desde que era un adolescente. El sentido de control viene de las rutinas diarias que creamos nosotros mismos; muchos de mis rutinas fueron puestos a prueba y yo estaba dispuesto a jugar. La transición ha sido más bien suave pero han habido algunas susceptibilidades de parte de cada uno. Cuando vamos a visitar a un amigo se debe de llevar un regalo, o una comida; el instinto natural de alimentar a los otros es un comportamiento común. En el momento que te sientas en una casa de una familia de latinos te ofrecen te, café y galletas, esto también pasa en una casa de una familia de americanos, pero nuestro tono es menos formal y menos obvio.

Una observación curiosa de la cultura hispana es la

separación que viene con referencia al género en el lenguaje; las palabras masculino y femenino. En español todas las palabras tienen un título masculino y femenino, darle a un objeto un género descriptivo es una forma de mantener el sexo en sus roles distintivos y por eso siempre separados. En ésta separación el hombre puede dominar. Desde un punto de vista opuesto, en el idioma español se usan algunas palabras de una manera formal e informal, y esto puede ser lo que mantiene a las familias unidas. Las palabras tú y usted tiene un uso formal e informal, tú es una palabra cercana y personal que sólo se usa con familiares y amigos; usted es una palabra usada para hablar con extraños. Si la separación entre familiar y familia están envueltas en una unidad familiar. Desde que Diana nació siempre ha descrito quién es familiar y quién no lo es, tal vez está es una razón del por qué la cultura latina tiene tantos lazos con la familia. Ellos pasan mucho tiempo juntos, pero mucho tiempo juntos, y se entienden muy bien. Esta unión es amigable y acogedora, el tiempo que yo paso con la familia de Diana es siempre caluroso y agradable, sin pretender un cariño fingido. Estoy tratando de aprender el idioma para poder comunicarme mejor con mi esposa y su familia.

Para mi, una expresión de amor es celebrar lo que nos hace diferente, y no permitir que estas diferencias nos opriman. Si yo puedo compartir mi identidad y ayudar a tener un vecindario mejor en vez de forzar mi identidad a otros, yo lo hago. Toda ésta discusión de la gente del sur pasará a la historia porque ó somos una familia humana ó un campamento armado peliando siempre en guerras sin necesidad; si levantas tu bandera también tu vecino podrá levantar su bandera.

CAPITULO 6: INTIMIDAD

¿Por qué la gente se casa? Los hombres nunca admitirán que es por el sexo, las mujeres nunca admitirán que es por seguridad. Bueno, es por todo lo anterior mencionado y mucho, mucho más. Una persona de 18 años ó de 80 años se casa por las mismas razones. Una persona madura tiene en orden sus prioridades (eso espero) y usan sentido común. Su vida sexual es balanceada con necesidades emocionales y físicas, ahí es cuando la verdadera intimidad toma lugar.

Tengo una teoría de que las personas tienen una conciencia diferente y se quedan unidas por muchos años porque se acostumbran a estar juntos, los problemas al principio de una relación se deben de superarse, pero no es así, sino que se mantienen ahí, solo las sobre llevamos, y eso es porque maduran juntas. Nosotros creemos en los vínculos afectivos. No soy psicólogo pero he vivido lo suficiente para saber algo de psicología.

Cuando yo era joven sufrí sin razón un montón de castigos físicos, a veces con golpes de ambos de mis padres. Años más tarde participé en los movimientos de paz y me volví un activista ardiente en contra de las guerras y la violencia, hasta estos días me consideró una persona pacifista. En alguna parte de mi llevo los ideales de Jesús y Buda, pero a veces yo he roto mis propios ideales; y no soy la persona quiero ser. Honestamente, he fallado en el sentido emocional. A veces me pongo de mal genio, me pongo horrible hasta con mi propia esposa. Pero puedo decir que me siento orgulloso de mi mismo porque nunca he golpeado a nadie, así como me golpeaban a mi. Pero a veces sufro de cambio de temperamento, y siento un caos dentro de mi que me pone como una fiera, y quiero hacer sufrir a otros cuando estoy así. Esto no me pasa mucho, pero yo sé internamente que soy capaz de ser violento con otros. Sé que he madurado y me doy cuenta que mi enojo no me lleva a ningún lado, excepto a tener un concepto bajo de mi mismo. Un comportamiento destructivo me dirige a una limpieza de mi casa emocional y mirar que yo no soy como mis ideales, la aureola y las alas del ángel se me caen y me siento mortal y estúpido. Me tomo mucho tiempo entender y estar emocionalmente cómodo; el fumar marihuana no sirvió, pero me hizó crear proyectos más creativos, no como mis años anteriores. Yo he llegado a la conclusión que es mejor estar completamente sobrio para poder conducir tu vida.

  Me hubiera gustado tomar una clase prematrimonial, antes que nos casaramos para prepararnos. En la escuela secundaría donde yo trabajo hay un programa en el que le enseñan a los jóvenes a prepararse para ser papas, tienen un bebé mecánico que le pueden cambiar los pañales, además se explica sobre las responsabilidades que ello implica. La clase prepara a los estudiantes para eventos reales en la vida y así podrán ser futuros padres y tener también la profunda responsabilidad que es escoger un compañero. Cuando yo era joven y tenia la edad de mis estudiantes mi madre me preguntó si quería saber sobre los "pájaros y las abejas" la noche anterior a mi primera boda, yo solo tenía 18 años, ella creyó que yo era virgen aún. Mi madre creyó que iba dar una clase de educación sexual, pero a mi me pareció un momento muy vergonzoso, por que con anterioridad a este hecho mis padres nunca me hablaron de sexo.

  Para hacer mi vida más excitante, yo trabajo diariamente con chicos que vienen de matrimonios separados, abandono y abuso. Puedo decir que el 75% de mis estudiantes están viviendo el mismo infierno que yo viví, ustedes creerán que yo quiero salir corriendo lo más lejos posible de esos problemas, pero no, trabajo lo mejor que puedo con ellos, no es muy fácil , algunas veces me gustaría empujarlos, patearlos y no darles el mismo respeto que ellos me dan a mi, tan malo como soy, tan disfuncional como soy y tan lleno de rabia como me da, yo sé que soy un buen maestro de fotografía. El día que yo le ponga atención al mal comportamiento de los estudiantes yo pierdo, algunos días me quedó neutral para evitar cansarme mucho, otros días no tengo mucho que dar sólo cucharadas de amor a los que más lo necesitan, el día que uso el amor como mi luz de guía ese día ganó y educó.

  No soy muy diferente a mis estudiantes, sólo que manejo los

problemas de manera diferente, yo he revisado mi actitud, yo soy la misma persona de mi juventud, nunca olvidaré los golpes que mis padres me dieron, ahora entiendo el fracaso de mi vida familiar, entiendo porque mi madre se volvió alcohólica, y el mal genio de mi padre. Tengo la capacidad de desatar el pasado. Sabía que yo no tenía ningún poder sobre ellos pero mucho de mi mal genio viene de esos años. Yo mismo me llamo "sanador profesional", todavía rechazo tener que aceptar una autoridad sobre mi. Me inscribí en un programa de doce pasos en una semana con el Hare Krishna lo suficientemente para tener algo de conocimiento y mantener mi corazón y alma independiente, no hay un sólo camino, sólo el camino que yo me creo, este camino está influenciado por muchas doctrinas, muchos maestros y muchas buenas y malas experiencias, llegue a la conclusión de que yo iba a encontrar el amor verdadero porque me entiendo a mi mismo.

La verdadera intimidad llega cuando dos personas tienen el balance el cariño y la ternura, el sexo viene a tener un efecto secundario, pero el baile de la verdadera intimidad y el sexo crea un ambiente definido. Cuando un hombre con mucha experiencia en el sexo se casa con una mujer con poca o nada de experiencia no crean que es lo que muchos piensan, después de la alegría inicial viene el trabajo duro de mantener las cosas en una dieta con un control correcto, no todo es dulce, o nos podemos engordar, si el sexo no se balancea con momentos íntimos bien tiernos en hacer pequeñas cosas por tu compañero, si sólo piensas que se queda en la cama, dudo que la verdadera intimidad está ocurriendo; algo tan simple como una mirada en el carro, entrar a la casa las compras, lavar los platos, hacer pequeñeces para tener a tu compañero cómodo es mil veces mucho mejor que un buen orgasmo.

El lenguaje sexual que dos personas es como si dos personas hablaran idiomas diferentes en una isla desierta, es mejor que ellos escojan un idioma en común, ó sino se mueren. No importa quienes son esas personas, hay un nuevo comienzo entre ellos. Experiencias previas pueden llegar a ser un estorbo si las expectativas son basadas en el amante anterior. Hay que enseñarle a tu compañero lo que te da placer, la comunicación de la cama es una reflexión de la comunicación de las actividades diarias.

El mito sobre el hombre maduro casado con una mujer joven dicen que es por lo excitante del sexo, se viene abajo cuando el hombre se da cuenta que necesita mucho que enseñar y de toda la paciencia que se requiere. Cuando empezamos de nuevo con un compañero entramos a la cama a otras personas, con todas las personas con las que hemos tenido relaciones sexuales anteriormente, esto es lo que dicen las personas que se han abstenido y no tienen relaciones sexuales antes del matrimonio. Si te casas solo para pasar un buen rato en la cama, pero no es un encuentro serio hasta que alguien enfrenta la realidad de conocer o construir un diálogo nuevo con ese individuo.

La vida tiene muchos misterios y uno es el placer sexual, el sexo con amor no es lo mismo que el sexo con extraños. Cuando tenemos sexo con extraños estamos alimentando nuestro propio ego, las emociones profundas que vienen con las relaciones a largo plazo son más intensas, hay muchos encuentros superficiales que toman lugar, pero creo que estas personas están hasta ahora buscando el verdadero significado en sus vidas. Antes de conocer a Diana esperé tres años para tener sexo de nuevo, estaba herido de las relaciones anteriores y necesitaba estar seguro, hice bien en esperar y recuperarme antes de embarcarme en una relación. La lenta amistad que se desarrollo en el Internet con Diana nos dió tiempo a construir confianza y una verdadera amistad, pero honestamente el verdadero encuentro tomó lugar después de nuestro matrimonio. Un amigo me dijo que nuestro matrimonio se parecía a los matrimonios arreglados de la India. La presión de conocer a mi compañera no fue fácil. Explicar los martirios de mis necesidades sexuales no fue tan fácil como parece, todavía es un trabajo en proceso, y creo que debe de mantenerse así, la sexualidad humana es tan complicada como las personalidades individuales.

No puedo decir que yo siempre me sentí así sobre el sexo, intimidad o ser monógamo, no puedo decir que mi camino en la vida es la única forma de alcanzar la verdadera intimidad. Los dictámenes morales no significan nada, la madurez se adquiere con la experiencia, algunos contamos con suerte, los riegos matan a algunos, la libertad nos hace cometer errores, pero es muy importante aprender de ello. Yo crecí en la época de la libertad sexual sin ningún riesgo de muerte por enfermedades sexuales, ahora no, sé que nada se compara a una relación de largo tiempo, he visto a muchos hombres solitarios buscando una relación rápida, yo mismo he hecho eso, es como ser animal más que un humano. Encontrar moderación y balance es como acercarse a alimentar una bestia, mi vida me llevo a un lugar donde finalmente abracé la abstinencia, me tocó aprender que todo es más valioso si le aplicamos disciplina y auto-control, también hay disciplina para ser un amante exitoso con tu esposa. Lo primordial debe estar en dar versos y placer y la magia se devuelve si tu se la das a tu pareja primero.

En conclusión, este capítulo estuvo lleno de sexo, tal vez no se dio cuenta porque estabámos tratando las delicadezas de la intimidad. Hablando en serio, entendió nuestros límites y ser un buen oyente es un elemento primordial en la intimidad. El argamasa de una casa de ladrillo no es igual que las filas de ladrillos amontonadas una encima de la otra. Lo que mantiene una estructura delgada e invisible es una capa de cemento, y los albañiles pueden ir tan alto y tan ancho como ellos quieran. Los albañiles si quieren nunca terminan de seguir construyendo, si quieren pueden seguir construyendo más cuartos nuevos. Mientras van creciendo, colocan un aviso que dice "privado."

CAPITULO 7: LENGUAJE

El lenguaje es mayormente basado en la telepatía, nosotros sabemos los que la otra persona quiere decir, porque usamos la intuición y la lectura de su lenguaje corporal. Cuando las palabras de una lengua extranjera esta presente, las intenciones empujan tus pensamientos. En este momento el inglés de Diana era muy pobre, pero detrás de las pocas palabras que sabe hay una inteligencia enorme, ella junta oraciones que son muy creativas y dan a entender lo que quiere decir, y la mayor parte del tiempo lo que yo hago es traducir su traducción.

Yo soy muy positivo, porque otra persona que oiga lo que ella dice no tiene idea de los que está hablando, lo que es negro es blanco, lo que está arriba está abajo, lo que es mucho, es más, toda esta confusión va mas allá de lo absurdo. En nuestra luna de miel hubieron muchas conversaciones que no entendía y me tocaba decir " no entiendo lo qué quieres decir o ¿qué es lo que dices?" parecía un invalido y sentía una barrera en la comunicación.

Lo más importante es estar bien alerta cuando se escucha, a pesar del mal chiste en donde las mujeres y los hombres ven la vida de diferente manera (nosotros lo hacemos), nosotros tenemos más en común que diferencias. Son críticos los pequeños diálogos. Lo que fue una conversación unas horas antes se vuelve un círculo vicioso, más aún cuando el lenguaje original que usamos no es el más correcto. El lenguaje incorrecto todavía llega a ser la base para el tema reciclado. La conversación sujeta a la relación no importa si se habla bien o no.

Termine hablando en una combinación de inglés y español, pero ella quiso que hablara sólo en inglés. Estaba hablando como un bebés con un adulto. Decidí mejor usar un inglés más directo, encontré que esto me ayudó a sentirme más cómodo con el uso del lenguaje o mejor con los que estaba diciendo, pero sabia que ella solo entendía la mitad de lo que hablaba. Ya no tenía la computadora que me ayudaba con la traducción, me sentía desnudo, estar frente a frente creó una nueva y esperada dimensión a nuestra comunicación y de repente nuevos retos aparecían.

Con el tiempo su vocabulario ha aumentado enormemente, lo primero que hice fue sacarla de la casa, le ayude a entrar en una escuela de mi distrito escolar, así ella oiría inglés todo el tiempo. Ella era voluntaria y hacia pequeños trabajos en el salón de clase con una maestra que hablaba inglés y español. Los dos meses anteriores ella se quedaba en la casa sola todo el día, si ella se hubiera quedado así se hubiera vuelto loca. Ella estaba acostumbrada a estar con su familia, me sentí un poco culpable por haberla traído acá en estas circunstancias. Necesitaba llevarla a un lugar donde ella se sintiera ocupada en lo mismo que hacia en su país. Conocía una señora en la escuela que ayudaría a Diana con un trabajo de voluntaria, por eso la lleve a la escuela para que conociera las personas adecuadas, a ellos les cayo muy bien. Cualquier persona pueden ver en Diana a una persona genuina. Diana iba a una universidad local tres veces a la semana, además era voluntaria en la escuela los otros dos días. Ella aprendía inglés en la universidad y en la escuela, ella me insistía que hablara sólo en inglés, así ella aprendería bien el idioma. No estaba muy de acuerdo, mi deseo de tener una maestra de español en casa desapareció.

Dos meses después el distrito escolar le ofreció un trabajo de tiempo completo como asistente de la maestra, ella era responsable y muy consistente, por eso le ofrecieron una oportunidad mejor. Cuando yo terminaba mi trabajo me tocaba esperar media hora para pasar por ella a la escuela, a media milla de mi trabajo. Ella tenía muchas historias para contar y estaba muy contenta por estar comprometida en la vida americana, no era una ama de casa. Entonces la ví mucho más animada, pero a veces la veía también deprimida, pues en Colombia Diana era una Terapista de Lenguaje y Audióloga, fue muy duro el cambio de tener una prestigiosa carrera doble en su país, para ser nadie en un lugar tan grande como en Long Island.

Yo le contaba lo deprimido que me sentí cuando yo me mudé de Nebraska a Nueva York, hace veinte años, "era como un extranjero aquí" ella nunca aceptó ésta analogía. Mi punto de vista era ver cuan diferente y difícil es ser arrancado y llevada lejos, cada vez que nos mudamos nuestra comodidad se ve afectada. Cada vez que yo me mudaba de un país a otro o un estado a otro me sentía muy deprimido de el cambio de mi realidad, lo de ella no era tan diferente y todas mis palabras no podían servir de ninguna ayuda.

Egoísmo, pensé,"muchos de los emigrantes vienen acá y no tienen un esposo con un buen sueldo para ayudarlos." Mi entrada a Long Island fue una pesadilla económica, la forma de hablar de ellos era bien graciosa, a veces me reía de ciertas palabras. Llegue con setecientos dólares y una camionetilla Toyota dañada, llena de productos de arte. La primera noche estacione mi carro, y empezé a caminar, entonces una persona me preguntó si yo estaba bien ¿Por qué va a dejar su carro con todo adentro y una bicicleta encima? Me dijo que me robarían todo en menos de una hora. Me gasté veinte dólares de mis setecientos para guardarlo en un parqueo esa noche, me dolió tanto y me di cuenta que necesitaba un trabajo rápido.

Me acuerdo que manejaba mi Toyota amarillo por una de las avenidas, la gente me saludaba, yo también los saludaba(en serio). ¿Cómo era que toda esa gente me conocía?. Todos ellos estaban parados en las esquinas y buscaban los taxis amarillos, pero mi carro no era del mismo amarillo como los taxis, me sentí un tonto. Me di cuenta y me empezó a dar mucha risa. Momentos después tuve mi primer choque, un camión grande (U-haul) me golpeó mi carro cuando daba la vuelta, el conductor hindú-americano se disculpó y ninguno de los dos quisimos reportar el choque a la policía, rápidamente maneje hasta Long Island para encontrar la universidad a la cual yo había sido aceptado para estudiar mi maestría en Bellas Artes, pase de ser un pez grande en un charco pequeño a un pescadito en el océano. Nunca arreglé el carro, nunca regresé a vivir a Nebraska, pero quería dejar Nueva York lo más pronto posible, esto fue hace veinte años. Una de mis ventajas en cualquier lugar que iba era que hablaba inglés, aún en mi adolescencia cuando nos fuimos para Pakistán, estábamos rodeados de gente que hablaba inglés.

Me volví hábil en entender los acentos de los neoyorquinos,

de las monjas irlandesas en la escuela católica, el inglés de los pakistaníes y a mi esposa colombiana. Estoy acostumbrado a oír acentos diferentes de distintos idioma, si yo estoy en la misma mesa con la familia de Diana y ellos están hablando yo no pongo atención a la conversación. Pero si me resulta muy fácil entender y comprender si la gente está hablando en inglés. Diana me pregunta si yo estoy entendiendo lo que están diciendo, pero yo estoy pensando en otra cosa y me siento incomodo como si estoy perdiendo de algo.

Para Diana es como si el zapato esta en el pie equivocado, estoy seguro que ella se siente muy presionada de encajar y de poner atención a lo que se habla. Ella gasta una gran cantidad de energía para entender y seguir una conversación. Desde el punto de vista de un inmigrante, hay un sentido de inferioridad persistente o sentirse un ciudadano de segunda clase. Han habido momentos que a Diana no le gusta que la nombre como mi esposa "colombiana", en cambio yo estoy orgulloso de su origen y sus raíces, y de la manera que sobresale. Nosotros todavía estamos trabajando en balancear éste problema, yo soy muy casual y tranquilo y Diana es más introvertida y conservadora.

Desde mi punto de vista, escuchar constantemente el inglés de Diana consume mucho mi energía, la corrijo jugando a ser el profesor, o simplemente me preocupó en la comunicación. He decidió en preocuparme en la conversación del momento, en como lo dice. La manera como digo las cosas pueden fuerte y mi tono de voz puede ser que no sea a veces la mejor. No entiendo porque alzo la voz cuando no me entienden, sé que mi frustración viene cuando interpretó lo que ella dice y lo colocó en el contexto correcto para poder entenderlo, y esta discusión siempre se hace más grande de lo que es.

Muchas veces la forma como decía, te entendí, era diciendo " tienes la razón", pero yo no sé porque pero al principio de nuestra luna de miel yo tomé estas simples palabras como insultos. No sé pero estas palabras me irritaban. Me tomó mucho tiempo saber que ella no me estaba insultando, muchas veces esta clase de pequeños mal entendidos te pueden llevar a el divorcio si tu compañero no esta concentrado en el amor y el soporte mutuo. Los problemas pueden empezar con palabras simples que no se entienden, pero cuando hay un profundo abismo como en las diferencias del idioma es muy importante saber que cada palabra no es tan importante como el significado de los que se trata de decir. Esto parece fácil, pero encuentro que se necesita mucha energía tratando de entender lo que mi esposa está diciendo, estos tropiezos han mejorado nuestra relación porque aprendí a ser menos impulsivo y escuchar mejor lo que quiere decir.

Puedo ver como cada hombre y cada mujer no alcanzan esto, si una persona no ha convivido con personas de otras nacionalidades con o idiomas diferentes, esto parecerá como remar contra la corriente. Para mi es como una fascinación creativa poder juntar las palabras. Las inmensas ganas de salir adelante con este matrimonio es lo que me da la fuerza para nunca parar de tratar. Déjenme decirles, es bien difícil tratar de descifrar lo que un político trata de decir en los comerciales que vemos, siempre hay otra verdad, o tratar de llevarnos bien con otros cada día en el campo profesional donde todos hablamos inglés. Yo como maestro, he trabajado con casi diez acentos distintos y para mi el más difícil de entender es el haitiano. También es difícil entender a los alumnos y seria más fácil tratar de no entenderlos y no hacer nada. El matrimonio es difícil, pero si en ese matrimonio no se habla el mismo idioma, esto es un verdadero reto en la vida Esto es un verdadero reto en la vida.

Hace mucho empecé a escribir un cuaderno con las expresiones graciosas que Diana dice debido al uso incorrecto del idioma ingles. Acá hay unos ejemplos de oraciones y palabras que ella creo:

"I no pickeling" (Yo no cosquillas), ella quería decir no me hagas cosquillas.

"Today I need put water in the hair" (Hoy pongo agua en el pelo), hoy necesito lavarme el pelo.

"Today are beautiful" (Hoy son bonito), hoy está soleado.

"Today are sad" (Hoy son triste), hoy está nublado y gris.

"You permise me to call my mommy"(Tú permiso a mi para llamar a mi mamá), te molesta si llamó a mi madre.

"You like come look at the photos of my cirry " (Te gusta venir a ver las fotos de mi cirry), quieres ver las fotos de mi cuidad.

"I doing the cooking"(Estoy haciendo la cocinando), cocinaré.

"You say me look it"(Tú me dices mira esto), podrías ver esto.

"You no put ugly"(Tú no pongas feo), no te enojes, cuando oigo esto sé que estoy muy enojado y agresivo.

"I use it, put one short in? " (Yo uso esto, pongo uno adentro), ¿Crees que debo usar una camiseta adentro?

"Come washing the teeth" (Ven lavándote los dientes), lo vamos a cepillarnos los dientes.

" Me no like black zopper "(No me gusta el cierre negro), no me gusta Led Zeppelin.

"I take it, one for one, an clean it " (Yo lo tomo, uno por uno y lo limpio), tomaron cada uno para limpiarlos.

" I think what I go good" (Yo pienso que yo voy bien), pienso que me veó bien.

" Are you waiting I have a cancer in the bra "(Esta usted esperando que yo tenga un cáncer en el sostén), ¿Estas preocupado de que tenga cáncer en el seno? No fue tan gracioso pero nos asustamos después de su primera mamografía y ellos encontraron un quiste duro, lo sacaron para estar seguros.

" I don't clean it this " (Yo no lo limpio esto), no lo limpié.

"No is my house, is your house" (No es mi casa, es su casa), es tu casa. Soy muy sensible con esto, ella se mudo a una casa en donde yo he vivido por cinco años. He quitado todo lo que tenia en la casa, la limpié sólo para recordarle a ella el lugar donde vivía en su casa en Colombia. La deje con muy poca decoración, porque en Colombia no se acostumbra a poner muchas cosas para decorarla, y eso que yo soy un coleccionista.

"Today I go to the crackly nut " (Hoy yo fui a la nuez partida), hoy ví el Nutcracker (un soldado de madera usado para naviad).

"My stumash is in party" (Mi estomago esta en fiesta), me duele el estomago.

Esto es una pequeña lista de los coloquialismos inventados por ella. Se necesita mucha paciencia para interpretar el lenguaje del cuerpo y solo el deseo de comunicarse me ayuda a saber que está tratando de decir. Muchas veces digo frases que sólo ella y yo usamos, le repito esas frases mal dichas, pero entre nosotros es fácil entenderlas. Desafortunadamente, mientras más inglés aprende, ella pierde esas frases graciosas; suena extraño pero es amor, ¿qué podría ser peor?

Soy disléxico. Fue una sorpresa para mi descubrir esto cuando me hice profesor a la edad de 46 años. Fui una conferencia sobre los problemas del aprendizaje, yo sabia que no era bueno en ortografía y en ver lo que leía; sólo hasta ese momento entendí lo que pasaba. Muchas veces como yo hablaba, recordaba información y procesaba lo que oía lo invertía, a veces hago el chiste que mi español es muy bueno porque mi cerebro cambia de orden los adjetivos y los verbos. Chequear la ortografía es mi mejor amigo y las computadoras me han dado una nueva línea de mi misma expresión, debido a este impedimento mi vida tomó una dirección creativa a muy temprana edad; por eso era mejor en arte y en la música (creatividad visual y musical) ante las otras materias académicas. Me gustaba la música y odiaba la matemáticas. Compense mis debilidades sobresaliendo con la destrezas que yo tenia. Nunca me diagnosticaron nada, y tal vez fue mejor no tener conocimiento de mi incapacidad, sólo sabia que yo era diferente. Esto no fue tan importante hasta que madure y entonces busque muchas respuestas; tal vez este gran impedimento me ayudo a ser un gran comunicador. Me gusta la gente y me gusta conectarme con ellos. Arte, música y fotografía siempre me dieron un terreno común con cualquier extraño el globo terrestre. Aprender otro idioma con mi nueva esposa era algo que sabia que tenia que hacer para mejorar nuestra relación.

Mantengo las cosas en perspectiva cuando me acuerdo que hay gente en el mundo que no tiene ni agua pura ni nada que comer; y si nos quítenos todo incluyendo el idioma, llegamos a ser todos muy iguales. Tal vez el idioma evoluciona de acuerdo a la evolución humana, de esta forma podemos decirnos los unos a los otros nuestras necesidades de una manera muy eficiente. A lo mejor nuestro idioma no es muy diferente de los gruñidos y gritos de los simios y por eso pensamos que somos más sofisticados que los animales. Al mismo tiempo actuamos salvajemente igual que todas las otras criaturas, porque nosotros sabemos la diferencia entre la creación y la destrucción y aún así fallamos en corregir la perdida ecológica de nuestro propio planeta. Suena extraño pero así es la vida.

CAPITULO 8: MANEJO A LA DEFENSIVA

En los Estados Unidos manejar un vehículo es muy necesario, a no ser que viva en una ciudad y que alguien te lleve a trabajar, que vivas en un bote o este hospitalizado, de lo contrario debe manejar como parte de la vida diaria. El mismo invento que le dio a mucha gente alas para volar es también el invento que nos llevara a la muerte por descongelar la capa polar; muy pocas personas en el planeta no han tomado conciencia de lo malo que es el uso del petróleo. Aprendí a manejar en Pakistán cuando tenía 16 años, el chofer de mi padre (todos los extranjeros debían de tener un chofer) me llevo en un bus Volkswagen. Aprendí a manejar en un lugar en donde ni siquiera mi padre supiera mas que solo des carretas tiradas por caballos y hombres empujando carretillas, donde los animales eran como transeúntes; en ese lugar habían bicicletas en todas partes. El vehículo era de velocidades y me adapte a usar el cluch, desde el principio. Recuerdo muy pocos detalles pero sé que el miedo fue un componente emocionalmente básico durante ésta experiencia.

Tome clases de conducir en la secundaría pero nunca termine las clases durante el verano, lo más difícil de la clase fue decirle al entrenador más popular de fútbol que no iba a presentar el examen de manejo. Tenia que esperarlo con mucho nerviosismo y había mucho calor. Yo ya tenía mi licencia de conducir, entonces para que presentar el examen. Antes de tener un carro yo tuve una moto pequeña que me llevaba a la escuela y al restaurante donde trabaja, allí me ascendieron en un año de lava platos a estacionar carros, y así pude practicar en muchas clases de carros.

Como conductor tengo una larga historia, al principio de los sesenta yo vivía en mi camionetilla Volkswagen y maneje hasta Eugene, Oregon. Yo era hippie y en verano ésta era mi vida . Trabajaba con inmigrantes recogiendo manzanas y peras solo para tener dinero para mi comida y gasolina. Yo tenia pocas amistades con otros vagabundos y pusimos en acción repertorios musicales por muchos años. Un hombre llamado Clay siempre iba conmigo, porque yo le daba un aventón en mi carro y además yo estaba sólo. Nos conocimos en un sitio donde dos o tres familias vivían. Yo conectaba una extensión eléctrica a la casa para tener electricidad para poder conectar el tocadiscos y un nevera portátil. Clay nos atraía a la casa con historias de cómo hacer dinero fácil en el estado de Washington, él me pagaba mi generosidad de llevarlo y traerlo compartiendo la cerveza y marihuana, nos estacionábamos cerca de riachuelos donde lavábamos la ropa a mano y con mi guitarra tocábamos para otros excursionistas en distintos parques del estado mientras cambiábamos de trabajo en trabajo, él era alto y buen mozo con pelo largo rizado el cual atraía mucha atención, pero cuando los dos tocábamos ocurría algo mágico, la gente se reunía alrededor de nosotros para oírnos cantar, yo tocaba música suave o canciones originales, las jovencitas se sentaban a nuestros pies. Pero cuando la cerveza y el dinero se acababan Clay salía en busca de nuevos horizontes y yo me iba a Nebraska a la casa de mis padres. Una vez en Utah se me dañó el carro y le tuve que pedir dinero prestado a mi padre para llegar a casa.

    Cuando me mude a Nueva York (quince años después) había pasado por muchos carros y motos, el primero era un escarabajo Volkswagen convertible del 59, el segundo la vagoneta, la gasolina costaba siete u ocho centavos el galón, recibí multas por exceso de velocidad en Nebraska pero nunca tuve problemas con la ley, mi primer trabajo de taxista fue en Long Island mientras estudiaba mi maestría, lo odiaba. Una vez una clienta me engaño sólo para que a la semana siguiente se montara en mi taxi con su novio y dos clientes más, nunca me olvidaré de su cara y se lo deje saber.

    Fui a una compañía de limosinas y el administrador se reía de mi "¿cómo hace una persona de Nebraska para manejar en

Nueva York?" a pesar de todo lo hacia muy bien hasta que recibí tres multas de distintas infracciones en sólo un mes, perdí el seguro con mi compañía y la nueva aseguradora doblo el precio del seguro, esto paso hace diez años y desde eso he estado limpio de multas. Manejar en la ciudad de Nueva York y en las autopistas era muy pesado, me quedaba sentado por horas para esperar por los clientes o por el próximo trabajo, no tenía vida social y estaba tratando de ser músico y artista que son dos de las profesiones mas lucrativas que un hombre de edad media podría soñar. Finalmente deje el trabajo de limusinas y empecé a trabajar como chofer ocasional, también pintaba y componía música. Alcancé a escribir una estúpida novela de ciencia ficción en mi primera computadora portátil mientras estaba sentado en mi carro esperando horas por mis clientes. Mi vida ha estado inevitablemente conectada a los automóviles.

En el mes que me gané 200 dólares me di cuenta que necesitaba conseguir más clientes y obtener otra fuente de ingresos, con mi maestría en Bellas Artes me volví profesor sustituto en los días que no tenía clientes, esto seria bueno una semana y la otra podría ser muy mala, mis ingresos eran demasiado, pero demasiado pocos. Trate de vivir como lo hacía en Nebraska abrir un hueco para tapar otro, ser libre e independiente, pero esto me estaba aburriendo.

Al contrario, mi esposa nunca ha manejado un carro, ella ha sido pasajera toda su vida, ha vivido siempre en Medellín y es muy buena para las caminatas. Medellín es como todas las ciudades. Si no hay transporte público disponible uno encuentra un taxi en cada esquina, en el barrio de Diana se puede caminar de una cuadra y llegas a un parque donde puedes tomar un taxi. El centro de Medellín esta a quince minutos de su casa, el primer trabajo de Diana estaba a quince minutos caminando, una distancia corta desde el apartamento de sus padres en el quinto piso del edificio. Diana trabajaba en una escuela de educación especial para niños con distintos impedimentos educativos, después de una visita ví que la conexión de Diana con estos niños y niñas era magnética, adoraban su ternura y dulce manera de ser. Su segundo trabajo era un poco más lejos, ella salía de la escuela a las 2:30 en la tarde y empezaba su segundo trabajo a las 2:45 de la tarde, ella era terapista del habla y la voz del departamento de drama de la universidad. Este trabajo lo terminaba a las 7:30 p.m. Yo siempre la llamaba a las ocho o alrededor de las ocho. De vez en cuando ella daba unas conferencias en la universidad donde ella se graduó, ella trabajaba duro y compartía su dinero con sus padres, y caminar era parte de su vida, la cual fue eliminada cuando se vino a vivir a Nueva York.

A Diana le tomó muchos meses montarse de nuevo en un carro y manejarlo después de la primera desastroza lección de manejo que le di en nuestra luna de miel.. Por fin se decidió en un estacionamiento de una playa local, comenzamos de nuevo con mucha cautela; cada vuelta la daba bien despacio, manejábamos en una gran figura de ocho de dos estacionamientos, traté de que manejará un poco más rápido, me cambie para la silla del conductor para mostrarle alguna vueltas con un poco más de velocidad. Ella empezó a llorar, ella tenía miedo de ir muy rápido, pensé erróneamente que ser un pasajero sería un poco intrigante y le gustaría manejar después; ella pensó que nunca más podría manejar. Diana solo se había sentado en la parte de atrás del carro de su papá un Fiat blanco modelo 79 porque su madre siempre iba en el asiento de adelante, y solo lo usaban el fin de semana para visitar la familia de su hermano.

Cada fin de semana nos íbamos al estacionamiento de la playa, ella inventaba cualquier excusa para no practicar, yo trataba mucho de convencerla, a veces dejaba que no practicará así como ella quería. Muchas de nuestras conversaciones antes de desde las clases de manejo han sido sobre como se maneja las curvas, la velocidad en las curvas, la proximidad de la calzada y el uso de los frenos mientras da la vuelta. Esto ha sido discutido un millón de veces y todavía se discuten, éste mes ella tomará el examen de manejo para sacar su licencia.

La asistente de el bibliotecario de mi trabajo me regalo el manual del conductor para que Diana lo estudie, ella tiene las dos versiones en inglés y en español. También entré en el Internet y le compré un video instructivo. Ella gasta mucho tiempo estudiando estos folletos lo mismo que el inglés en el colegio comunitario, Diana es mucho mejor leyendo ingles que escribirlo; muchas de sus palabras son pronunciadas y escritas como están en el libro. Yo la lleve para sacar su permiso de conducir en la mitad del invierno, pero perdió el exámen por una pregunta incorrecta, luego volvimos a la siguiente semana y esa vez sí lo pasó.

En nuestra primera visita juntos a Medellín Diana tomó clases de manejo. Antes de nuestra llegada su madre hizo algunas llamadas y le consiguió un instructor que le daría clases a las ocho en la mañana. Serían cuatro mañanas por cuatro clases. Una mañana el profesor cancelo la clase pero ella la tomó en la tarde, en la primera clase me pare en el balcón para mirarlos, la clase la tomó en una camionetilla pequeña con el nombre de la escuela puesto encima y a los lados del carro. Ví a Diana montarse en el asiento del conductor y esperé y esperé para verlos arrancar y manejar, pero la primera clase fue para mostrarle a Diana todas las partes del interior del carro, como funciona y el motor esperé tanto que después de un rato me entre. Manejaron unos minutos antes de terminar la clase y lo hicieron alrededor de la manzana, el carro tenía un freno extra al lado del instructor, pero no un timón adicional; está bien, un poco diferente para mi pero estábamos en un país extranjero.

Diana termino sus cuatro clases de manejo y le otorgaron una licencia de conducir, ¿qué? quedé sorprendido, lo único que teníamos que hacer era ir a una clínica y sacar el examen de la vista y llevarlos a una oficina y ella tendría su licencia. El instructor actuó como representante del gobierno y le dieron su licencia. Gastamos más tiempo esperando en la clínica que el tiempo que utilizó manejando en la calle. Me senté afuera con Tuto, el padre de Diana, contábamos chistes mientras esperábamos por ella, después del examen de la vista creímos que eso era todo, pero le toco ir al segundo piso para un examen de sus reflejos, era un examen de rutina médica, otra cosa que no hacen en los Estados Unidos.

En los Estados Unidos ningún instructor da licencias y mucho menos después de sólo cuatro clases, cuando Diana fue a pagar por las clases de manejo él instructor le entregó su licencia laminada, ella también debió presentar unas fotos y firmar los papeles de registro. El pago se haría cuando se recibiera la licencia, cosa que no entendí de su país el pagar después del servicio. La licencia es un documento muy importante y Diana había manejado sólo cuatro veces y ya tenía licencia. Las que ella tomo fue subiendo y bajando las calles de su barrio y sólo una vez en el tráfico del centro. Ella ya tenía su licencia de conducir y ahora todo dependía de ella, no sé si debería de estar admirado o aterrado.

    Algo para comentar son las fuertes leyes en Colombia, el número de policías de tránsito es igual al de policías regulares con la sola diferencia que los de tránsito usan un chaleco anaranjado con la palabra TRAFICO en colores fosforecentes. Todos ellos usan uniforme de militares. Es una violación de tráfico es si el conductor usa el teléfono celular, si está comiendo, si la persona lleva los pies por fuera, o encima de el tablero, no es ningún chiste, las leyes son para cumplirlas . No crean que es un lugar tranquilo donde las violaciones no se multan, hay miles de jóvenes con botas negras montados en motos que corren más que un tren con su arma automática atravesada en sus espaldas, esto nos motiva más para cumplir las normas. Hasta a los mismos policías se les pueden multar por estas violaciones y especialmente los fines de semana donde son días de mucho trabajo. Yo no manejó ni en Colombia ni en Costa Rica. Yo he rentado motos en Costa Rica y me ha tocado explicar porque mi licencia de conducir de Nueva York no servía para rentar la moto. En Colombia he visto pocos accidentes porque el limite de velocidad y la cantidad de los carros es menos y eso hace que se mantenga relativamente seguras las calles. Diana ha visto accidentes en los Estados Unidos y dice que la velocidad es de locura y un verdadero problema.

    Diana empezó a manejar para ir a trabajar a la escuela, se va muy temprano, y a las a las seis y media de la mañana no hay muchas personas, ni muchos carros. Esas mañanas son secciones instructivas a veces nos molestamos, mi paciencia profesional de profesor se evapora misteriosamente; no soy bueno, grito, me irrito, soy el peor instructor de manejo en la tierra, lo peor que un estudiante necesita es verse humillado. Yo soy mi propia pesadilla y lo sé, usar un tono de voz muy alto para instigar miedo a un estudiante durante el proceso de aprendizaje es completamente erróneo. Enseñar a manejar me ha vuelto alguien malo. Mientras más trato, más pierdo mi paciencia, algunas veces estoy bien y todo marcha sobre ruedas. En los días malos no respondo muy bien cuando ella se pasa las luces en rojo o los signos de parar. Yo me he puesto a pensar y mirar de donde viene tanta amargura y enojo, me da vergüenza mi comportamiento, pero no se como controlar mi temperamento. Noto que en algunas mañanas la tensión está presente si salimos con cinco minutos de retraso, por que soy un loco con la puntualidad.

El problema empeoro porque Diana con mis gritos se sintió humillada y empezó a llorar. Fueron demasiados los problemas hasta nos toco buscar ayuda con el ministro que nos caso. Cualquier mañana tranquila se convertía en un pleito de gritos. Diana no responde a las peleas pues así es su familia, ella ventila sus problemas de forma opuesta a la mía. Yo me enojaba incluso aún antes de llegar al carro con cualquier pequeño detalle y por cualquier tono de voz. El ministro sugirió que continuara sus clases de manejo, entonces se acabo esta carga para mi y en unos cuantos días nuestra relación mejoró para bien. Inscribí a Diana en cinco clases de manejo y me aseguré que el instructor hablará español. En la primera clase el instructor no vino porque se perdió y lo tuvimos que citar de nuevo; había un beneficio en esto y era que Diana notó que el instructor no le gritaba.

Las cinco clases estuvieron bien, pero Diana necesitaba más, entonces tomo cinco clases más. Diana todavía está en este proceso. El instructor le dio su última clase de manejo el mismo día que tenia del examen de práctica de conducir; si no pasa seguirá tratando. El segundo instructor fue una mujer y ella sugirió que tenía que practicar mucho. Yo le dije a Diana que yo no tenia nada que ver con esto y que a pesar de todo, todavía le daba clases de manejo en las mañanas en el estacionamiento de la playa. Entonces coloqué botes de basura como si fueran carros parqueados y le estoy enseñando a estacionar su carro paralelamente. Ella ahora maneja mucho mejor pero yo siempre le digo que en cada parada pare y cuente hasta cuatro. He sido testigo de un extraño pero común fenómeno humano, una persona puede en pocos segundos negar un error y decir "yo paré y conté hasta cuatro", sí contó pero nunca paró, lo que hizo fue tocar el freno pero nunca parar completamente. Lo mismo pasa en mi salón de clase con mis estudiantes cuando doy instrucciones.

Diana ha tenidos clases con algunos amigos en la escuela, no sé cuando estallara el próximo problema, "usted tiene la razón" es la forma de ella decir que yo tengo razón, (lo peor de todo esto es que ella me necesita para su transporte). He oído que los esposos no deben de enseñar a manejar a sus esposas, he oído millones de historias que me previenen en contra de dar clases de manejo pero creo que esto es errado, a mi parecer, pero también creo en el compromiso. Sé que mi esposa no entiende el inglés que yo uso cuando le doy clases, sé que es mucho el esfuerzo y que va mas allá de los trabajos de esposo pero ¿todo esto pondrá mi vida en riesgo? Me volveré como una bestia. Soy un lobo, SOY UN LOBO.

CAPITULO 9: IRLANDA

El primer viaje que Diana y yo hicimos fue a Colombia, el segundo fue a Irlanda. Nosotros no podíamos salir sin estar seguros de recibir su tarjeta verde o sea el permiso de migración para viajar. En navidad fuimos a Arizona a visitar una vieja amiga de Diana que había venido a vivir a los Estados Unidos. En febrero fuimos a Medellín a visitar a los a la padres de Diana y nos quedamos por una semana. Pensé que el primer viaje fuera de los Estados Unidos seria el más importante. Después de cumplir la obligación de visitar a la familia de Diana, ahora era mi turno de decidir a donde ir.

Diana había recibido su residencia temporal y estábamos libres para viajar a cualquier parte, pero para un colombiano. Un colombiano que quiere viajar a cualquier parte necesita una visa para entrar, porque los colombianos han tenido conexiones con grupos guerrilleros de la FARC (movimiento guerrillero colombiano), y ellos han causado tantas restricciones, además ejercito de Irlanda ha tenido conexiones con la guerilla de las FARC. Unas ventajas de nosotros los americanos es que no necesitamos visa para viajar a cualquier parte del mundo solo necesitamos el pasaporte azul.. Siete semanas antes de nuestra salida habíamos mandado un montón de documentos al consulado irlandés en Nueva York para asegurar el permiso para ir allá de visita y mi amigo irlandés Denis quien conozco desde hace 30 años también envió una carta de invitación directamente al consulado de Irlanda en Nueva York para facilitar las cosas.

Con las historias de Denis y las mías podríamos escribir un libro; nos conocimos en una fabrica de hacer botas para montar en Omaha, Nebraska en 1972, él y ocho hombres irlandeses llegaron a la fabrica para que aprender el negocio de las botas de montar, yo solo tenía 22 años. El es cinco años mayor que yo. Yo había trabajando en esa fabrica por unos cuantos meses y yo era el armador. Yo cortaba el cuero de la parte alta de la bota de montar, la mojaba en agua y muy cuidadosamente la colocaba en una plancha caliente por cinco o seis minutos, en esos seis minutos yo leía libros, leía completamente las series de los grandes artistas del mundo en Tiempo-Vida. En ese tiempo, más o menos un año antes me había retirado de la universidad y estaba determinado a educarme a mi mismo mucho mejor que cualquier profesor engreído. Todo esto me tenía atado a una atmósfera de anti-establecimiento, anti-sistema, anti-de todo, esto paso ya hace casi treinta años. En ese entonces esto me hizo más conforme como todos los otros amigos míos hippies; yo escribía notas en grandes pedazos de papel café y las colocaba en la pared de mi sitio de trabajo, yo estaba en contra de el poderoso adinerado capitalista dueño de la empresa, por supuesto esto no me ayudo en nada, pero entre mis compañeros de trabajo yo era como un revolucionario.

Los trabajadores de la fabrica eran una mezcla maravillosa de hippies, con cabello largo y trabajadores de clase media, todos nos mezclábamos con los ex-convictos quienes estaban allí para una nueva oportunidad en la vida. Entre esta mezcla de personalidades habían nueve duendes irlandeses hablando en una lengua que muy pocos de nosotros podríamos descifrar, yo era fluido en irlandés (irlandés-inglés con acento) debido a que fui a una escuela católica y que mis abuelos por parte de mi madre eran la primera generación de inmigrantes irlandeses. En la escuela católica las monjas podían doblarnos las orejas, golpearnos con una regla, y decirnos una sátira de malas palabras tan rápido como una gota de cerveza negra regándose. Cuando yo era niño le tenía mucho miedo a ese tono de voz, luego aprendí las mismas palabras que me lanzaron en nombre de Jesús; estaba muy emocionado de conocer un grupo legendario de desconocidos de la mística tierra de donde parte de mi herencia había surgido. Un grupo de nosotros (cuatro trabajadores jóvenes) esperábamos hasta las once de la noche para saludar a los nuevos compañeros de trabajo; acampábamos en un apartamento de arriba de la fabrica del centro del pueblo el cual se convirtió en nuestro apartamento, nuestro bebedero y fumadero.

Desde el momento en que nuestros nueve amigos se bajaban del avión de su largo viaje, llegaban a nuestra animada recepción muy cansados. Les dabamos la bienvenida con las brazos abiertas dándoles de fumar y beber, casi los matamos, pues ellos eran gente de la provincial que iban a la iglesia regularmente y pocas veces bebían. Ellos no estaban acostumbrados a beber, pero fue mi guitarra y mi canto lo que nos unió como amigos. Desde entonces Denis y yo hemos sido muy buenos amigos. Al siguiente año de que él regresará a su país yo estaba en su puerta con mi guitarra, él es mi mejor admirador y el que me ha dado ánimo en todos este tiempo a pesar de mi sed por la fama.

En ese tiempo el dueño de la fabrica tenía un acuerdo con el gobierno irlandés para introducir una nueva fabrica a un país económicamente débil de donde era Denis. Yo he ido a Irlanda como doce veces en todo este tiempo empezando en 1965 cuando mis padres nos llevaron a Pakistán a través de Europa siendo Irlanda nuestra primera parada, yo siempre pasó por el mismo hotel muy de cerca al Castillo Bunratty donde nos hospedábamos cerca del aeropuerto Shannon, a mis catorce años tenía mi primera cámara fotográfica marca Brownie, algunas de mis primeras fotografías eran como buenas para guardar porque yo creía que tenia que "agarrar" la imagen como un insecto, disparaba la cámara como si yo lo tuviera que agarrar ligero antes de que se volara; no me pregunten de donde saque esa idea tan descabellada. Tengo sólo una foto de un caballo en un campo, mágicamente, también una foto que mi padre me tomó cuando estaba tomando la fotografía, yo estaba recostaba con la cámara en un poste. No dudo que mi padre me dió esa instrucción y esa fue mi mejor foto de Irlanda en mi primera visita.

Mi primera impresión de Irlanda fue la total pobreza de ese país. También otro país donde viví fue en Panamá cuando yo solo era un bebé. Panamá fue el primer país después de vivir en un suburbio desolado. Ahí ví a los niños delgados con los pies descalzos y su ropa rota y sucia caminando a lo largo de una pequeña autopista, ellos eran llamados *Tinkers*. Mis padres le echaban la culpa a esa gente porque venían de una odiosa clase de vagabundos, me sentí culpable de ser de una familia acomodada; y pensé que vivir en una casa rodante era una práctica forma de vida. En el momento en que conocí a Denis convertí ese sentido de culpa en odio hacia el rico y el poderoso. Mi propósito era escribir canciones para cambiar el mundo; ¡Ah la energía de un joven idealista romántico! todavía la vivo, sólo que ahora me toca pagar mis cuentas. Toda mi familia, somos siete, viajamos por carro de Shannon a Dublín en cinco días; todo era verde, incluso durante el mes de Febrero.

Años después empezó una buena y larga amistad con Denis, yo vivía en un apartamento pequeño a pocas cuadras de la fabrica pero me aseguré de llevar a Denis a conocer a mi madre, ella cocinó carne con repollo y ella hablaba con un tono cantarín, lo mismo que todos nosotros después de hablar con Denis. El programa de entrenamiento duro seis meses e hicimos todo lo posible para que nuestros compañeros de trabajo se sintieran como en casa, creo que hasta uno de ello terminó fumando marihuana, pero Denis hasta el día de hoy no ha fumado nada aunque él toma, no necesito prolongar el estereotipo de los irlandeses. Através de los años los otros trabajadores irlandeses han muerto o se han mudado lejos de la ciudad de Limerick y sólo viven en las historias que Denis y yo intercambiamos. Aún quedan dos hombres con los que mantenemos conversaciones telefónicas, hablamos por lo menos una vez al mes por teléfono.

Cuando le conté a Denis que me iba a casar él creyó que me había vuelto loco, dos veranos anteriores yo había estado con Denis y Carol su esposa como invitado en su casa por casi un mes, y yo estaba emocionalmente mal después de un fracaso amoroso. Denis es el hermano que yo nunca tuve y en cierto sentido yo soy para él el hermano que se murió de tuberculosis cuando tenía doce años; él me conoce también que cuando le dije que me iba a casar me dijo muy seriamente en que problemas me estaba yo metiendo, ellos no conocían a Diana y tampoco querían que yo volviera a pasar por una mala relación y otro fracaso emocional.

Denis ha construido una casa para él y Carol a una cuadra de la casa de sus padres, esta moderna casa esta ubicada en las afueras irlandesas. Cuando necesité un amigo él estaba ahí, a cambio, yo le ayude a retocar y terminar de pintura terminar en la renovada casa de doscientos años que pertenecía a su madre. El limpio el interior de la casa y añadió una cocina, este proyecto se demoró dos años. Denis y yo somos muy similares en cuestiones de proyectos de trabajo, somos unos esclavos de los proyectos sin terminar debido a esto trabajamos en la casa por horas; él siempre me aconsejaba en los momentos difíciles mientras trabajábamos en la casa. Yo trabajaba mientras durante el día, mientras el iba a su trabajo regular, pero a la hora del almuerzo yo subía una loma donde Carol estaba con la comida; mi tiempo se dividía entre trabajar en la casa, caminar por las lomas, leer libros en el sol y pintar acuarelas. Tuve un verano muy productivo y pudimos terminar casi toda la casa. Atribuyó mi recuperación de un amor perdido a mis amigos y a el tiempo que hizó rehacer mi vida. Poco sabía que estaba haciendo un espacio en el futuro para Diana; en ese momento yo sufría mucho. Asistíamos a misa los domingos y Denis me escuchaba y me entretenía por horas; él oraba por mi, y yo cantaba para mejorarme espiritualmente. En resumen es el mucho más que amigo para mi.

Denis y Carol me enviaron por fax una carta de invitación, sin ni siquiera saber a que casa iba yo a llegar. Cuando llegamos a las seis de la mañana, un auto rentado nos esperaba en el aeropuerto de Shannon. Hicimos unas paradas para tomar unas cuanta fotografías. Diana se paró a ver la magia de las mañanas irlandesas con niebla y roció. Entramos en la casa y tomamos un pequeño desayuno y nos fuimos a dormir, por más que uno trate de quedarse despierto, la diferencia de hora no importa porque el reloj de tu cuerpo te domina, y la única solución es dormir. Después que nos levantamos Denis no tardó mucho en llevarme a un lado y decirme "Ella es una mina de oro, es muy dulce y maravillosa" y yo le sonreí.

Diana y Carol hablaban con un fervor muy especial, Diana hablaba con un inglés mejorado y Carol respondía con su marcado acento, nos quedamos en su casa los dos primeros días. La casa de la madre de Denis que esta abajo de la loma ya estaba terminada y rentada a unos inquilinos de Inglaterra.

Cuando yo voy a Irlanda prefiero quedarme en la casa más que nada, detrás de la casa de Denis hay una loma, un poco empinada (como una montaña pequeña) y tiene unas ruinas de piedra, arriba en la cima le llaman la cama de Darby. Las ruinas son una tumba megalítica de seis o siete bloques de piedra, desde allá arriba la vista es espectacular. Yo he pintado este paisajes muchas veces, también he escrito una canción de este lugar desde cuando vine por primera visita en 1974. En el segundo día lleve a Diana a mi sitio de peregrinaje, ella estaba en el cielo. ¿Por qué? La tierra se sentía, veía, y olía como su querida Colombia; parecerá muy extraño pero los cerros de los alrededores de Medellín son muy parecidos en apariencia a los de Irlanda. Los carros pequeños y las calles con algunas vacas, cercas dividiendo los campos y la variedad de colores creados en paisaje son muy comúnes en ambas ciudades, pero la cosa más común es la personalidad de la gente tan abierta y adorable. Es muy importante en ambos países mirarse a los ojos, hablar con el corazón y tratar a las otras personas a un nivel muy personal. La importancia de la familia y las expresiones de la iglesia católica hicieron que Diana se sintiera como en su casa en Colombia. ¡Les conté que Denis y Carol se quedaron encantados con Diana instantáneamente!

Graham el hijo de Denis es jugador profesional de canoas. El se fue a Noruega y al África buscando corrientes rápidas cuando nosotros estuvimos de visita. Laura su hija asiste a la universidad y estudia para ser profesora de música. De vez en cuando compartimos algunas melodías (mientras mi guitarra sonaba suavemente) ella también consigue dinero cantando en bodas y trabajando en una farmacia los fines de semana. Ellos nunca han dicho una vulgaridad o una mala palabra; yo tuve la fortuna de conocer ambas madres tanto de Denis como de Carol.. Birdie la mamá de Carol murió en el verano después de la última vez que yo fui, antes de yo llevara a Diana, la mujer era una santa; hablaba suave, y nunca, ni una sola vez en su vida dijo una mala palabra a nadie, era de un carácter humilde y de mucha fe, ella siempre estaba rezando, pero nunca me hizo sentir como que yo me iba a quemar en el infierno, como mi abuela me lo decía. Mi abuela me hablaba siempre muy distante. Birdie me adoraba y siempre me mandaba sus saludos cuando Denis, y yo siempre le hablaba por teléfono.

Al tercer día, viajamos por carretera para mostrarle a Diana algunos de los sitios de interés. Nosotros vimos a Adair, una villa pintoresca con casitas con tejas de paja y una gran catedral. También visitamos la antigua y vacía casa de Birdie. El altar de la Virgen estaba muy deteriorado sobre todo en la parte donde ella le daba muchos besos. Através de los años la pintura se a desgastado, nada ha cambiado en la casa. Graham estuvo allí antes de irse para el África, la cama de Birdie y el sencillo decorado estaban aún ahí. En cada cuarto hay un cuadro de Jesucristo con sus manos abiertas, parece que te estan saludando. Ellos van a vender muy pronto la casa, pero aún es la casa de Birdie.

Una cosa curiosa para mi es que a Denis le encanta subirse a su carro y manejar largas distancias. Èl vive es un sitio tan pastoral en donde yo estaría contento de caminar, pero a él le gusta hundir hasta el piso el acelerador. En carro se puede conocer Irlanda en un día, la mitad de Irlanda tiene rápidas autopistas, y la otra mitad tiene carreteras con curvas muy peligrosas con transeúntes y animales. Las altas laderas en los lados de las carreteras bloqueaban la vista de el tráfico que venia en la vía opuesta, a veces, los túneles de las laderas en ambos lados de la carretera se puede sentir claustrofobia. yo manejé allí muy despacito, y eso me causó muchos problemas cuando regrese a los Estados Unidos. No me podía acostumbrar a manejar en el lado opuesto de la vía, pero cuando llegué a casa me encuentro con conductores molestos insultando al idiota que está en el lado opuesto de la vía. Me demoré como una semana para volverme adaptar.

En el cuarto día manejamos al lago Shannon. Denis y yo tomamos un domingo libre para ir al lago, ya que los domingos trabajábamos en la renovación de su casa Nosotros seguimos la carretera que estaba alrededor del lago, pero nos dimos cuenta que estábamos perdidos, Denis y yo habíamos tomado un recorrido similar alguno veranos antes, y encontramos esta área tan bella, queríamos mostrársela a nuestras esposas y regresar al mismo recorrido.

Cada noche cenábamos en su casa. La cena incluía siempre papas hechas de diferentes maneras. Denis es aficionado a morir del fútbol. El televisor estaba siempre prendido cuando estaban transmitiendo un partido, las damas hablaban mientras lavaban los platos, yo pintaba algo o miraba las noticias que podía encontrar de los Estados Unidos por satélite. Es triste decir que solo las noticias del canal Fox se veía. Muy pronto la BBC las van a reemplazar. Casi siempre todos nosotros nos volvíamos a reunirnos para hablar o para ir a un concierto obligado de guitarra. La amistad es como una buena cerveza, con la diferencia que la cerveza es amarga y la amistad es fuerte.

Después de algunos días de estar en casa de nuestros amigos empacamos nuestras cosas y las metimos al carro que habíamos rentado, manejamos hacia el norte para estar unos días solos. Llegamos Knock antes era una villa pequeña donde la Virgen se le apareció a una jovencita, éste sitio era muy frío y muchas de las tiendas que venden recuerdos católicos estaban cerradas Entramos a una de las iglesias y Diana se sintió como en casa una vez más gracias a su devoción.

Luego manejamos por la costa y vimos el pequeño pueblo de Westport, es un pueblo que abraza las colinas en boca de una gran bahía, este lugar de Irlanda es la que más me gusta, la llaman Connemara y condado Mayo. Me gusta la soledad y los colores, en más de una ocasión he estado ahí sentado bajo el sol pintado las verdes montañas con lagos cristalinos, las calles vacías y los grandes terrenos me dan mucha paz. Cuando yo llego allá me acuerdo de la vida de mis ancestros, siento las generaciones de gente sufriendo día a día, caminando una calle sin fin y buscando una mejor vida para el futuro; esta mejor vida ha llegado, ha llegado a Irlanda, la nueva prosperidad se esta palpando, el aumento en el tráfico en las vías hacia Galway es un efecto triste de esta prosperidad. Cuando nos dirigíamos hacia la ciudad vimos como las personas estaban paradas por el tráfico de casi una milla de largo, solo había una calle. Lo que habría sido un viaje de diez minutos nos tomo una hora de viaje llegar a Galway y a nuestro hotel.

Tuvimos un pequeño inconveniente en nuestro paseo, el hotel no aceptó mi tarjeta de crédito, tuvimos que ir a buscar un cajero automático y pagar en efectivo. Hay un nuevo sistema de tarjetas de crédito en Europa, el dueño de la tarjeta de crédito debe de tener su foto en la misma tarjeta o no la aceptan, yo nunca había oído de esto antes y fue algo difícil usar la tarjeta, pero las reglas del comercio plástico están acá para quedarse.

Esa noche Diana y yo nos hicimos una invitación a un verdadero restaurante irlandés llamado McDonalds, teníamos mucha hambre y después de estacionar el carro y caminar para encontrar algún lugar nos dimos por vencidos, nos rendimos, nos reducimos a una comida rápida de muy poca calidad. El resto de la noche caminamos por una vía peatonal que atravesaba el centro de la ciudad y estuvimos mirando las tiendas y las personas; las vitrinas eran como mirar al pasado, la ropa irlandesa es bien distintiva, la ropa de las mujeres es muy anticuada, los sombreros son como algo sacado de un libro de caricaturas, no quiero ser irrespetuoso pero no puedo tomar estos sombreros en serio, cómicos es el único adjetivo que se me viene a la cabeza. El ha visitado la isla verde y ha dejado su huella, yo creo que es la respuesta irlandesa a la clase alta británica, el único momento en que yo he visto estos abombados y ridículos exhibiciones en lugares públicos fue en una carrera de caballos, ó los he visto en una boda. De lo contrario, la vitrina es el lugar más seguro para esta ofensa visual; esto es como una boina de un bufón. El gobierno irlandés debería prohibir estos sombreros; entre las calles pequeñas porque son una discapacidad visual y los sombreros grandes que las mujeres usan mientras manejan en las autopistas, la mortalidad vial sería reducida a la mitad si estos son prohibidos.

A la mañana siguiente manejamos hacia las afueras circundando alrededor de la carretera costal con grandes vistas muy pintorescas y casitas coloridas, adoro los colores de las casas irlandesas, las amplias ventanas y el borde de las puertas siempre están pintadas con colores alegres que hacen énfasis en sus formas y dan un acento y un color más apagado que el que cubre el resto de la casa. En el pueblo las líneas de casas a unos pasos de la calle y pintadas en una misma forma atractiva, desde la mejora económica en los años noventa, Irlanda ha tenido una capa fresca de pintura en cada edificio, los colores son alegres, la gente es siempre contenta, su temperamento es jovial y solo en las grandes ciudades se ven las caras tristes de los transeúntes cansados de tanta congestión tratando de llegar a sus casas, esto es similar alo que pasa en Colombia, Diana noto todo esto

El mismo día tuvimos un almuerzo al aire libre y manejamos a "Cliffs of Moher" este es el abismo de la madre, lo que antes eran abismos abiertos en donde una mujer se sumo a la lista de los suicidios brincando al vació; estos abismos son el fenómeno natural más increíble de Irlanda, el sonido las olas pegándoles a las rocas están tan abajo que el sonido no los oyen los que están en la parte superior, el viento es muy fuerte que hay que tomarse de la mano de otra persona y es muy cómodo cuando una ráfaga te alza tu cuerpo un poco; Diana y yo nos abrazamos mientras caminábamos cerca a un hombre que tocaba música irlandesa con su bajo ahora hay un centro para los visitantes está debajo a un lado de una colina y es con un diseño ecológico, el estacionamiento es muy caro y no hay forma de sentarse en ningún lado porque todas las mesas de picnic han sido reemplazadas por casetas de concreto para el pago de la entrada. ¡ah el progreso huele a dulce dinero! Llegamos un poco tarde y teníamos que encontrarnos con Denis en el aeropuerto por eso sólo nos quedamos una hora.

La rentada del carro salió más cara que cuando hicimos la reservación inicial, esta es una situación exclusiva en Irlanda siempre hay impuestos adicionales, seguros que en este caso doblo el precio, por todo esto le pregunté a Denis si el nos podía ayudar a entregar el carro tres días antes, las salidas en carro ya las habíamos hecho todas y el resto de los paseos serian en el carro de Denis, también estaba enfermo de estar dentro de un carro, estuve demasiado tiempo en el carro que mi espalda se estaba agotando por esto necesitaba caminar al siguiente día; un aspecto negativo de los viajes en carro es la inhabilidad de poder contemplar el mundo natural, mirar el rodaje del escenario como en una película no es lo mismo que sentarse y pintarla o ir a una caminata, lo mismo paso cuando fuimos a Arizona nos demoramos más en llegar a el Valle del Monumento y al Gran Cañón que en estar allá.

La mañana estaba brillante con la luz del sol resplandeciendo había una sinfonía de pájaros cantando y el olor de flores naciendo fue por esto que nos decidimos ir a caminar por un sendero hasta el pueblo de Galbally; *Irish Spring* no es un jabón, es un evento real en un lugar real no un comercial con una estereotípica dama lanzando sus brazos alrededor de un hombre fornido con dulce olor; el verdadero olor de boñiga y popo de cabra mezclado con las fragancias de las flores es el *Iris Spring,* la cacofonía de los pájaros cantando no puede ser empacada; caminar por los senderos irlandeses y experimentar el viento a tus espaldas es un verdadero milagro, la gente que encuentras tiene una sonrisa para ofrecer lo mismo que un ondeo de mano

En el centro del pueblo hay una estatua de un hombre cargando un rifle, él fue uno de los libertadores de Irlanda contra Inglaterra; este espacio grande de concreto sirve de estacionamiento de carros, se encuentra la estatua memorial y es cercada por algunas tiendas, comederos, una funeraria, bares y dos tiendas de alimentos que compiten entre si las cuales están ubicadas a una pocas puertas de la otra cuando las personas paran para hacer sus compras en estas pequeñas tiendas siempre se doble parquean aún así todavía queda mucho espacio y casi no hay tráfico, los tres bares son el centro social del pueblo a parte de la iglesia católica por supuesto.

En mi primera visita a Galbally en 1970 Denis y yo fuimos a un bar., el humo, la música y el sonido de las risas y chismes de los campesinos eran muy fuerte, me acuerdo de estos eventos porque encontré un nuevo estilo de relación de la policía con la comunidad; a la media noche los que estaban en el bar. se quedaban calladitos cuando oían los pasos y el golpeteo de un palo en la puerta el cual los mandaba a todos silenciosamente a la puerta trasera, el guardia conocía a cada una de las personas de su jurisdicción entonces un recordatorio decente de que estaba abierto aunque ya había pasado la hora legal de tomar trago les era recordada sin ningún inconveniente; cuando el policía se alejaba en su recorrido nocturno la gente del bar, se volvía a animarse pero poco a poco todos se marchaban a sus casas ¿Pasaba esto todas las noches? No sólo los bobos hacen esto una vez a la semana el sábado por la noche para mostrar que están ahí, me contó Denis; si usted se acuesta temprano el sábado en la noche usted puede levantarse temprano el domingo para ir a recibir el cuerpo de Cristo. Me quede admirado de la civilidad del guardia. Denis no tenía ni idea de los problemas con la policía de Chicago durante la convención Democrática unos años antes, yo estaba en Rockford, Illinois en la vía a Chicago cuando el padre de uno de mis amigos nos prohibió ir a el centro de la ciudad (afortunadamente) nos quedamos en casa, fumamos hashish y escuchamos la música de los "Doors"

No muy lejos del centro del pueblo de More Abby esta, es una iglesia de piedra con el techo abierto, el techo de madera original había pasado a la historia, yo me recosté en el camino detrás de la iglesia mientras Diana tomó la cámara fotográfica y hizo una tomas de la estructura, mi espalda me estaba matando y l acostarme quieto en el sol fue mi única medicina, la capilla esta al lado de un riachuelo y en el pasto entre la capilla y el agua había un caballo, aparte de esto nosotros estábamos solos, me empapé mucho de Irlanda lo mejor que pude pues regresaríamos a casa en dos días.

Regresamos a casa por la vía larga, es muy peligroso caminar por las calles de Irlanda, los carros van a una velocidad demasiado rápida, mientras más joven el conductor más rápido manejan, nosotros cruzamos la vía cuando llegábamos a un punto muy angosto y no podíamos brincar fuera de la vía porque los carros venían a mucha velocidad. Irlanda pierde miles de transeúntes cada año en estas carreteras tan curvas y yo no quería que Diana y yo fuéramos una estadística más nos toco devolvernos a el pueblo y tomamos otra ruta nueva a la casa de Denis, cuando regresamos Denis estaba cortando su cerca, él paró y se recostó en su cerca mientras hablaba, como muchas veces lo hace él conversa mucho con las personas del pueblo, en el verano en que los dos trabajamos en la casa de su madre, a veces paraba de trabajar para conversar con alguien que pasara yo seguía trabajando y le recordaba que sus habilidades sociales le estaban costando en dinero muchas horas de trabajo sí muchas horas de trabajo.

Diana y yo nos sentamos en el sol y Denis regresó a su trabajo yo estaba con el lienzo pintando la vista del frente de la casa, Diana estaba leyendo. Las montañas Galty están cruzando el valle y dominan la vista en la parte de debajo de estas no hay pasto solo nace un arbusto de color amarillo llamado fures, este cambia en la primavera convirtiéndose en en un ramillete de un amarillo chillón natural en todas partes, el puntiagudo arbusto fue importado para crear una cerca biológica natural pero muy pronto se extendió a muchos campos, cuando visité a Nueva Zelanda oí una historia similar sobre un arbusto parecido pero más pequeño; este divino arbusto amarillo tiene unas ramas puntiagudas que son el peor desastre natural con el que te puedes encontrar, la hospitalización es el resultado de un pequeño pisón esto mantiene a las vacas en el pasto pero tiene una maldición divina, las ramas amarillas duran unos pocos meses en la primavera, estos listones de color Amarillo bailan arriba y abajo en cada pedazo de tierra con pastizales de un brillante verde entre ellos, es muy agradable pintar un regalo visual de alegría es un signo de la primavera y la Pascua.

El domingo de Resurrección todos no montamos en el carro y manejamos a una villa vecina para ir a misa, el cura dio una misa rápido y un sermón corto así los minutos extras de viaje valieron la pena (no les puedo mentir sobre esto seria un gran pecado si lo hago) los días pasaban como si estuviéramos con la familia en Colombia Denis nunca paro de trabajar, Carol nunca paro de contra historias y todos preparamos la comida de Pascua juntos.

Me toca regresarme en el tiempo para contarles una pequeña anécdota de nuestra visita a Irlanda Diana es una católica devota lo mismo que Denis y Carol, Diana había oído de los milagros de Knock y quería ir a peregrinar a ese sitio sagrado, entramos en uno de las muchas iglesias y estaban confesando, Diana no se confesaba desde nuestro matrimonio y quiso hacerlo, yo la esperé afuera y recé algo, yo oía unas voces en tono alto y pensé que se estaban tomando mucho tiempo, mi esposa es una santa y no tiene una lista larga de pecados, yo soy un católico liberado unitario universalista yo tomó las cosas en calma, ella es más seria; cuando salió del confesionario ella estaba algo colorada y muy callada pensé que ella estaba en estado espiritual y no dije nada, cuando salimos para ir a la capilla donde la virgen se apareció Diana muy pronto empezó a llorar como un bebé

¿Qué pasó? Con su llanto y su acento colombiano pesado me dijo "el cura dijo que yo era una prostituta" " ¿Qué?" "él dijo que yo era una prostituta y que no era más una hija de Dios porque me casé contigo fuera de la iglesia" quedé helado y furioso tenía que guardar mi calma y preocuparme por el enojo de mi esposa, continuamos visitando el sitio, ya en el carro yo le di mi sermón. Yo creo que fui muy directo, pero tenía que balancear todas mis habilidades con una cuidadosa y amorosa distancia con el regaño que ella había acabado de recibir de un extraño que estaba escondido detrás de una cortina; esto fue lo que le dije: "la relación con Dios es solo entre tú y Dios primeramente, nadie debe juzgarte por eso sólo tú " sabía que con palabras groseras no ayudaba en nada, le conté a Denis lo que pasó cuando llegamos a casa.

Denis y Carol consolaron a Diana en este asunto, Denis quiso saber por qué no regresé y hablé con ese viejo cura. El iba a escribir una carta a el cardenal y preguntar por qué la iglesia aceptaba pedófilos pero nunca no uniones libres entre personas que se amaban profundamente, hasta el momento que fuimos a la misa de domingo de resurrección este asunto todavía estaba en su cabeza, pero ella misma tomó un paso adelante en su liberación

No quise anular mi matrimonio anterior pagando un par de miles de dólares y presentarme ante un tribunal ¿Cómo puede el dinero llevarme hasta el cielo? Mi alma me pertenece; es una hipocresía tener que pagar a la iglesia por cosas espirituales, Cristo saco a los recaudadores de dinero de su templo pero muy pocos se alejaron;

Diana todavía sueña con una boda católica por la iglesia, a todos estos deseos de Diana yo no tengo una respuesta, me toca dejar que ella decida por su propia cuenta en este asunto, Denis y Carol me apoyaron en este asunto, la comida del domingo de Pascua la celebramos con una oración inicial, yo no quise ahondar en más penas

Nuestra visita a Irlanda la cerramos con unos abrazos calurosos de despedida y promesas de regresar pronto, mis llamadas a ellos son siempre interrumpidas con la solicitud de hablar con Diana directamente, el solo hecho de que a ella la quieren y la aceptan mis amigos es un verdadero regalo, ella pasó el examen, ella ha pasado todos los exámenes.

CAPITULO 10: NOTAS DE COSTA RICA

Hemos estado en Costa Rica por exactamente dos semanas y es la segunda vez que enciendo la computadora, la primera vez fue para pasar unas fotos de mi cámara; se me ha olvidado también mi intensión de aprender español cada día, pero soy el propietario de un condominio y esa es mi prioridad.

El día que llegamos tomamos un taxi hacia Alajuela para pagar por el mantenimiento del condominio a Oscar, la persona a la que le compré el condominio, el precio mensual del mantenimiento subió como 18 dólares por tener un nuevo sistema de agua potable. Tengo suerte ya que él hombre al que le compré el condominio es también el tesorero de la asociación, él lleva los libros; me aseguro de pagar siempre por adelantado, su oficina esta a cinco minutos del aeropuerto, usualmente paró en su oficina y luego tomó un bus para Jaco, pero esta vez, ya que Diana nunca ha estado aquí tomamos una vagoneta, nunca reservo los boletos del bus, lo que hubiera significado el estar parados por tres horas en él, la diferencia en el precio era de 17 dólares por cada uno, el bus cuesta $3.50, teníamos cuatro maletas muy grandes por lo que quise hacerlo más fácil para Diana.

Llegamos a la playa Jaco más o menos a las seis y no hicimos mucho solo mirar los problemas del condominio e irnos a dormir, note que el agua se entró por el techo en el cuarto de atrás y retorció los muebles, causando un terrible olor a humedad en ese cuarto que es donde siempre dormimos, por lo que nos pasamos a un cuarto más grande durante unas noches hasta que decidimos botar los colchones. Pensamos que los podíamos recuperar si los cubríamos con cloro y los colocábamos al sol por un período de tres días, pero al final decidimos que el olor era muy intenso y toda la cama se la regalamos al guardia principal de seguridad Eric, también le dimos un televisor que por estar sin uso por más de un año estaba fallando, pero probablemente se podría usar de nuevo si se manda a reparar, Eric se alegró de tener todo esto a pesar de los inconvenientes. Lo que estaba pasando con el techo era que estaba goteando, porque el dueño del condominio vecino construyó un nuevo techo sobre su patio y no le puso la protección adecuada a la pared y el agua estaba inundando el techo de mi condominio. Eric se subió al techo del condominio conmigo donde descubrimos un hueco, la persona que contrataron en la reparación del techo de el vecino debió de darse cuenta de este error desde un principio.

Al siguiente día desempacamos las maletas, dos maletas eran para la familia de Diana en Colombia, nosotros somos el Papá Noel cuando vamos allá, molesto mucho a Diana con este aspecto, siempre le digo que ella no se debe de sentir obligada a llevar regalos, creo que el mejor regalo es nuestra presencia y el tiempo que estamos con ellos, pero me toca admitir que he contribuido a la compra de regalos y he añadido más peso a las maletas.

Nosotros regresamos con una maleta, pero pudieron ser más por lo que pasamos a comprar en Panama.

No me acuerdo de todos los arreglos que he hecho en las pasadas semanas; anoche después de terminar de construir una puerta de madera de naranjo. Diana me suplicó que parará de trabajar, la puerta demoró tres días en ser construida, yo puedo seguir, seguir y continuar corriendo como el conejito rosado de la propaganda, mis pilas nunca se acaban y las ideas me vienen a mi cabeza. En las noches sólo pienso en que otra cosa debo de arreglar ó como mejorar el condominio. Arreglé la caida de agua del techo, subiéndome a la parte alta del condominio y añadí unos canales improvisados de aluminio que Eric tenía.

Después de terminado el trabajo, cayó un aguacero y me di cuenta que funcionó perfectamente, estuve en mi cuarto viendo caer el agua y riéndome, estaba cayendo mucha agua y el problema mayor ya estaba resuelto. Un par de días después reemplazamos las ventanas viejas de madera por unas nuevas de aluminio en el frente del condominio, tardamos todo un día en recoger y limpiar el desorden que los trabajadores hicieron; Jason un canadiense que vive en el complejo me ayudó con la compra de las ventanas, tuve mis dudas porque las ventanas eran muy caras, y decidí esperar un día más antes de finalizar el negocio, los trabajadores que Jason había contratado demandaban de iniciar el trabajo, decían todo esta listo, porque no empesamos, pero el vidrio no estaba cortado y ellos decían que sí. Cuando al fin me decidí por hacer el trabajo, ya mi relación con Jason estaba afectada un poco, ya que él antes de mi llegada ya lo tenía todo listo, había invertido tiempo y energía en tener todo preparado, ya que las ventanas estaban destruídas por las termitas.

Por supuesto el arreglo de las ventanas causo que el borde de la puerta se moviera y estuvimos un poco asustados cuando la chapa se atoró, ya que nos quedamos afuera, estaba muy molesto porque no tuve en cuenta lo de la chapa antes de ir de compras al mercado, Milagros la esposa de Jason me prestó un destornillador y siete horas después entramos a la casa y empesamos nuestra rutina normal, me tocó desbaratar todas las partes de la chapa para asegurarme de que trabajaran de nuevo otra vez, un problema lleva a otro problema; las ventanas son oscuras y por las persianas pasa muy poco aire, la ventilación es muy pobre y me toco poner unos ventiladores en las ventanas, esta es otra alternativa a el aire acondicionado que es muy caro acá y tampoco me gusta lo que le hace a mi sinositis.

Mientras yo escribo Diana está en el cuarto de atrás haciendo ejercicios de jazz viendo un video, ella empezó con esta rutina y yo a escribir, era mi excusa para no hacer ejercicios con un video, algo que nunca me ha gustado, yo prefiero nadar o usar las máquinas de hacer ejercicios, pero pararme y bailar es algo que no he podido hacer.

Antes de salir para Costa Rica tuve la idea de salir a caminar por la playa cada mañana y practicar el español mientras hacíamos ejercicios; he bajado de peso porque he sudado mucho mientras trabajo en los arreglos del condominio y en usar la bicicleta para ir a la ferretería muchas veces. Hoy estabamos caminando por la playa de regreso a casa, y le pregunto a Diana ¿soy yo ó es que la temperatura está más fresca esta semana?. Decía esto porque la primera semana sudamos como locos y por las noches era peor,nuestros cuerpos lograron acostumbrarse a la humedad y al calor en los primeros días, pero en las noches si no tuviéramos los ventiladores sería terrible, me despertaba como si fuera un pez hinchado, pero sería peor si usara el aire acondicionado.

El sabado rentamos una moto por veinticuatro horas y la usamos para subir a una montaña donde hay una cascada como a veinte millas del condominio. Subimos en moto la montaña y caminamos hacia el valle, lo mismo de lejos y empinadas como las otras montañas; en la entrada se pagaba $15 por caminante, el hombre nos dijo que nos demoraríamos cuarenta minutos bajando y unos cuarenta y cinco subiendo ¡muy idiotas si creyéramos esa mentira!. Nos demoramos una hora para llegar abajo, la bajada nos sirvio de ejercicio, mi camisa estaba empapada en sudor, en el momento en que llegamos a el hueco solo queriamos nadar, era como media pierna de hondo, nadie había en los alrededores mientras nos colocábamos nuestros trajes de baño, almorzamos (pastel de mierda) y nos refrescamos a una temperatura adecuada para el corazón; los pasteles de mierda son una invención de Diana, el día anterior ella improvisó una cacerola que al salir del horno parecía como mierda quemada, nos reímos mucho de este plato y por eso le di tal nombre, al principio se ofendio por el nombre pero luego ella se rió más que yo. Era una sorpresa de aniversario que ella había preparado la noche anterior, me niego a botar la comida, por eso la pusimos en un recipiente, nos la llevamos con unas naranjas y agua congelada en unas botellas, también llevamos unos extraños palitos de queso asado que son la especialidad de Costa Rica. He visto que la gente se los comen en los buses; la comida fue un desastre total, nos sentamos al lado del río y miramos al sol más arriba de la selva, el sonido del río lleno nuestros oídos, pero el sonido de los pájaros en algún lugar en la distancia rompía periódicamente el sonido del agua, tuvimos una tarde muy relajada al lado de la corriente del río.

Yo nunca ví la cascada por el valle húmedo y caluroso que bajamos, pero Diana sí la vio, ella empezó a subir mientras yo me ponía los tenis, yo le dije que se adelantará, Diana se equivocó de camino y se desvió unos 50 metros del oyo donde se nadaba, ella caminaba despacio para ver la cascada otra vez, en el momento en que terminé de ponerme los zapatos y empezar a caminar de regreso me dí cuenta que Diana no estaba. Le pregunté a un grupo de Alemanes si habían visto a mi esposa, ellos dijeron que no, yo estaba seguro que ella estaba perdida, y lo estaba; ¿cómo es que ella se pierde si es el mismo camino que usamos para bajar?, no lo entiendo, esto tardo un momento antes que Diana empesara a gritar y entrar en un ataque de pánico, pero a pesar de todo ella vio la caída de agua. Luego yo le pregunte ¿por lo menos tomaste alguna foto? "no", pues yo estaba muy asustada, lo que me demoré en atarme mis cordones y tomar mi morral lo mismo le tomo a mi esposa de casi un año perderse en su propio miedo.

Nos devolvimos a el camino y llegamos a la cima, nos tomamos casi dos horas después de empezar nuestros "cuarenta y cinco minutos" de regreso, cuando llegue arriba el guardia de la entrada me preguntó en español en donde estaba mi esposa y en español yo le conteste "muerta" los dos nos reímos porque él y yo sabíamos que ella estaba todavía tratando muy extenuadamente de llegar a la cima.

En la entrada compramos una botella grande de agua y la vaciamos en la última botella plástica que tenía hielo, bebimos de agua helada, que tanta falta nos hacia. El segundo hombre que estaba trabajando en la entrada nos ayudo a arreglar el descanso del pie en la moto rentada; nos sentamos a conversar un rato, la gente de Costa Rica es muy amable y les gusta charlar. Desendimos de la montaña, en la moto con mucha precaución porque el pedal del freno estaba doblado, mi pie no cabía en el pedal, pero logre maniobrar muy bien el freno hasta que llegamos a la carretera principal.

Cuando llegamos a la carretera hicimos una derecha, en dirección contraría, para poder ir a ver una familia de cocodrilos, el camino fue mucho más suave en la autopista a pesar de los camiones y buses que nos rebasaban, quince minutos después encontramos el puente, en el río contamos un total de diez y seis cocodrilos de varios colores y tamaños; Diana dijo que era la primera vez que veía cocodrilos fuera de un zoológico, el puente en el río es como cuando un pájaro esta mirando un grupo de cocodrilos, desde lo alto, que nos devoraría en un minuto si no fuera por la seguridad alta del puente, yo creo que ellos solo están allí burlándose de todos los turistas que vienen a gritar, y estoy seguro que ellos se sientan a esperar con sus dolorosas barrigas muy seguros de que algún día, alguien se va a recostar una pulgada de más y el banquete empezará; no sé como es que crecen tanto, sospecho que algún campesino vecino pierde una vaca de vez en cuando.

Nuestro aniversario empezó muy mal, fui muy abusivo y cortante con Diana, porque ella es muy lenta, le dije: ¿Por qué eres tan bla. bla, bla? (regaño), en la tarde estaba seguro que ella ya había soportada mucho y estaba pensando en el divorcio, algo que cualquier romántico siente cuando la monotonía de la relación te ahoga, creo que estaba cansado de estar con Diana a toda hora por once días, no importa lo mucho que quiero a mi esposa hay momentos en que necesito estar solo, pero esto no es el caso; el día anterior ella se cansó de mi cantaleta y se fue para el Internet cafe a llamar a su prima que esta en la Florida, me hubiera gustado haber sido la mosca que estaba escuchándola en la pared, (hubiera sido una mosca hispana), nos tomamos como medio día para ser amigos otra vez, yo le puse el regalo de aniversario en la cama, una blusa hecha en Costa Rica y un collar hecho de piedras preciosas, los compré un día antes, cuando tome la excusa de ir a la ferretería, sí fui a la ferretería pero me tocó que esperar una hora a que abrieran la pequeña tienda para poder comprar el collar.

Nos vestimos bien, para ir a cenar, Diana uso un bello vestido que compramos en la ciudad de Nueva York en una de las fallidas visitas de reconciliación; estaba lloviendo y tomamos un taxi para ir al final del pueblo, compartimos un plato de camarones y un plato de ceviche, después compramos más regalos para su familia en una pequeña tienda y tomamos el postre en otra tienda, fue algo fuera de serie, era un batido de té Chi con canela y especies que yo nunca había probado antes, no tenía idea de lo que era pero he ido dos veces más a probar esta bebida fría de nuevo, terminamos la noche muy bien con un poco de vino y romance, ni siquiera quise saber el nombre de la bebida con especies, sólo quise mantener la magia de nuestro aniversario. No todo lo bueno se debe saber o definir claramente, pude controlar mis criticas por tres días, fue algo muy bueno.

En una buena relación se debe tomar esto también; los humanos gastamos mucho tiempo definiendo cúales son los problemas, en vez de mirar la belleza de algo que trabaja bien, nos enfocamos más de las fallas que de los momento especiales y tiernos, en nuestra relación hay muchas dimensiones muy complejas trabajando; yo como Americano, le echo la culpa a las diferencias en la personalidad, Diana lo vé como una gran diferencia cultural.

"En mi cultura"…es el punto crítico para que yo piense "acá viene " yo creo que parte de esto es mi psicología americana, que es como una cultura tipo A ¿cuál es el gran problema? la sociedad; nos vemos como americanos primero, luego viene la identidad de los países de donde venimos, combinamos nuestras culturas y las homogenizamos en una, también hay la mentalidad de los inmigrantes; la cuál mencionó Lilia, la Ministra Unitaria que nos casó, en mi mente negra pienso que es una excusa para esconder detrás de el telón la cultura y para mantenernos incambiables y complacientes.

A pesar de mi punto de vista, Diana ve su país y su identidad cultural como una buena razón que motiva su comportamiento, ella se refiere a América como una "máquina" una marca, un título con el que estoy de acuerdo, pero sé que tengo control de esta, solo Dios sabe que odio las máquinas y que peleé contra ellas por mi forma de ser por muchos años; uno de los mayores ataques en contra de mi padre fue el llamarlo un "robot" y despotricar el "sistema" el sistema no es muy bonito para el nuevo inmigrante ó "el nuevo del barrio " pero este sistema me ha dado el lujo de sostener a una esposa, que es un proyecto económico y una vida donde el viajar es crucial para sobrevivir con una mente sana, creo que la mejor forma de explicar ó justificar mi rebelión juvenil con mi estrato de clase media es que yo lo hice a mi manera, no me vendí al sistema hasta que llegue a mis cuarenta, yo puedo continuar con mi revolución cuando enseño y doy el poder a otros, por supuesto no importa que tan fresco pienso yo que soy, los jóvenes me ven como un viejo y me ven a través de los ojos de un joven crítico que nunca olvida. Venir a una ciudad del tercer mundo donde el aire es más limpio, donde las frutas y los vegetales tienen algunas manchas, donde la moda de la sofisticación no ha dañado a la gente; todo esto es parte de mi rechazó a mis propias raíces. Mi trabajo de educador se balancea cuando recargo mis baterías mientras estoy fuera del país, por eso estoy en una "situación sin salida" con mi joven esposa. Yo invertí mi tiempo en las trincheras de un hambriento artista y estuve en contra de la máquina, ahora sólo quiero disfrutar los frutos de mi trabajo, hay muchas cosas que no me gustan de mi país; ser un americano no me hace automáticamente un defensor del sistema.

Segunda vez que escribo en mi cuaderno; las libélulas se balancean en los cables de la luz, eso fue lo que ví en mi ruta hacia la ferretería, manejó a través de calles pavimentadas que no tiene casas ni gente, es sólo a pocos minutos de mi condominio, es como manejar en el campo, mientras manejo veo unos pequeños pájaros posados en ramas grandes cantando bellas melodías; todos estos lotes vacíos estarán construidos en un par de años pero por ahora me toca creer que así será por siempre.

La orden del día es otra vez reparar, reemplazar y nunca descansar, la tubería principal se atasco, me tocó literalmente desenterrar popo de las tuberías, esto fue antes de ir a la ferretería.

Mi cámara de videos se daño, no es gracia, y esto es muy malo, trabajó bien hasta el día que renté la motocicleta, la llevamos a casa en el morral, la dejamos en la cama y unos horas después nada, pudo haber sido por la humedad del morral o por los brincos de la moto a la venida, le compré a mi amigo José la misma cámara hace como dos años por eso hemos estado intercambiando baterías para probar la cámara pero nada trabaja, hoy está en la ruta del que arregla cámaras, tomará como dos semanas, mientras tanto José me ha prestado su cámara.

Me enojé con Diana ayer por la mañana, por la compra de una comida, lo que empeoro el día, me senté y dije en el mejor tono posible que el dinero y la comida la debíamos de conservar más; una mujer colombiana que conocimos en un restaurante colombiano (el único en Jaco) tiene una venta de comida colombiana puerta a puerta (en su propio carro) antes que la mujer llegará hable con Diana que solo necesitábamos unas cuantas cosas porque nos iríamos en un viaje de tres días, pero Diana compro treinta dólares en productos de panadería colombiana y esto era mucho más de lo que nosotros podíamos comer; esto me irritó mucho.

La parte más dura de la relación es tratar de mantener mi propio sentido de auto-control y balance con los hábitos de mi compañera; la comida es un gran problema, porque yo aumento de peso muy fácil también me gusta controlar lo que consumo con la cantidad de comida que compro, han habido momentos en los que me enojo cuando un plato grande de comida que Diana adorablemente ha cocinado lo pone frente de mi; "no me quiero engordar comiendo toda esta comida" entonces cuando Diana compro toda esa comida creí que estaba exagerando, ella dijo que casi toda esa comida era un regalo para la gente que íbamos a visitar pero yo la he visto gastar dinero, yo tengo un sistema propio que nos permite comprar golosinas, pero yo nunca compro algo que me engorde y lo lleve a casa.

Mantener el balance entre tener una relación interpersonal cercana y mantener mi propio estilo de vida es un gran reto; Diana se mueve a través del tiempo y el espacio a un paso demasiado lento, cuando viajamos en bicicleta yo estoy constantemente parando y volteando para ver dónde está ella, no importa lo despacio que yo voy ella siempre está muy alejada y siento como si estuviera esperando, a veces me irrita hacer esto, será por el tamaño tan pequeño de su cuerpo, pero también sus reacciones son lentas, ella no es agresiva y algunas veces sin sentido del tiempo, contrario a mi manera de ver y seguir las cosas, cuando voy a alguna parte, llego lo más pronto posible, aún en las vacaciones me siento que debo manejar directo y con algún propósito.

Un día (en el que más me irrité) íbamos para el restaurante colombiano a comprar arepas (un pan colombiano plano hecho de maíz) yo crucé la calle y manejé una cuadra, Diana cruzó la calle y camino hasta donde yo estaba, ella paró a mucha gente para preguntar donde quedaba el restaurante (yo sabía dónde quedaba) y caminar con su bicicleta, esto me saco de casillas y procedí a gritarle, lo cual nunca he hecho en público, esta vez estaba furioso, esto no tenía sentido: ¿cómo hacer esperar a una persona y por qué caminar una bicicleta cuando tiene ruedas? Estas son las pequeñas cosas que se suman a otras más grandes , no es una sorpresa que las personas que viven en New York y los colombianos tiene problemas con el ritmo de vida.

Tercera vez que escribo en el cuaderno: en el complejo donde tengo mi condominio, conocimos una pareja de Costarricenses llamados José y Sandra, por unas semanas socializamos con ellos y un canadiense que también vive en el complejo, José es un granjero al que le ha ido muy bien, Sandra es una ama de casa con dos hijos, disfrutamos mucho su compañía que nos invitaron a pasar unos días a su casa en un pueblo al sur-este de San José la capital llamado Cartago, Diana se sintió muy bien en su compañía de nuestros nuevos amigos porque tienen muchos aspectos culturales en común como el lenguaje, las creencias religiosas y la comida. Siempre es refrescante hacer nuevos amigos y en este punto de nuestra vacaciones era tiempo de darnos un espacio y alejarnos de las mejoras del condominio. Tomamos el bus hacia la Terminal de transporte de San José, donde tuvimos que hacer un trasbordo de bus para Cartago, tres horas y media después de nuestra partida llegamos.

Sandra nos estaba esperando en la parada del bus con su hijo Fabio, él es un hombre joven y alto de 24 años de edad, como muy pocos costarricenses él es de constitución fornida con grandes huesos pero calmado como un corderito, él hablaba un poco ingles, entonces salimos a conversar mientras el resto de la familia hablaba español con Diana.

La casa era un pequeño palacio, me sorprendí del tamaño de la misma, moleste a José cuando le pregunte en dónde estaban las vacas, esperaba ver una finca pequeña con cercas y muchas vacas a su alrededor, la casa está en un barrio de suburbios, les cuento que suburbio en Costa Rica no es lo mismo que en Estados Unidos, una casita destruida puede estar al lado de una casa moderna.

El frente de la casa había una inmensa puerta grande que era el garaje que al abrirse daba a otra puerta grande de la entrada, en el momento en que entramos en la casa encontramos un ambiente lujoso y limpio, dos sofás blancos grandes estaban situados entre sillas abollonadas iguales, el piso era de mármol blanco, al lado de la sala estaba el comedor con una mesa muy grande y flores frescas en el centro (sembradas por Sandra) nos llevaron al dormitorio principal donde dejamos nuestras maletas, al fondo de la casa estaba la cocina donde una empleada estaba preparando la cena. Nos empesaron a mostrar el segundo piso; en el había una ventana de vidrio curveado con una vista del centro de la ciudad, atrás de la casa un sembrado de orquídeas en pleno crecimiento, el orgullo de Sandra es su buena mano para cultivar orquídeas; Fabío tenía dos cachorros en una perrera y nos mostró el patio detrás de la casa; donde había una roca inmensa, me contó que este era su sitio de juego cuando era niño, a unos pasos más abajo había un río con rocas mucho más grandes, el frente de la casa parecía una puerta gigante de un garaje, pero el resto de la casa por dentro eran maravillosos cuartos de mármol.

Les dimos la comida colombiana que llevamos, nos sentamos a comer y a conversar, yo usaba mi poco español mal hablado y Fabio ó Diana traducían lo que queria decir, Fabio me agrado mucho, él se había acabado de graduar de la universidad, tenía seis meses de estar buscando trabajo sin muy buena suerte, su novia vivía en San José y se veían los fines de semana cuando podían; ví que era una persona muy sólida y de un muy buen carácter este joven, nos sentimos como en casa muy relajados con nuestros nuevos amigos.

Luego nos fuimos a conocer la ciudad en la camioneta; la primera parada era las ruinas de una catedral de piedras que había sido destruida por un sismo; la gigantesca estructura tenía más de cien años, lo único que quedaba eran las gruesas y sólidas paredes y unas partes del techo que lucían como los huesos de un viejo dinosaurio; dentro de la iglesia sin techo había un jardín y un camino de piedras que recorría el largo del patio en dirección simétrica; la iglesia había sido reconstruida más de una vez porque han habido muchos más sismos, aún así desde que abandonaron la estructura no han habido más temblores, las puertas eran de metal muy grueso y estaban selladas a pesar de esto pudimos ver lo de por dentro muy bien.

La segunda parada fue la Catedral de Cartago; la estructura más impresionante de toda Costa Rica, el edificio ese blanco con gris, más o menos una escena de colores insípidos, pero con una estructura colosal, por dentro había un agreste contraste con su exterior; el piso con baldosas de colores y un techo alto de madera pintada con un café oscuro profundo que reemplazaba el gris monótono de afuera, después de mirar el techo me di cuenta que el edificio estaba todo construido en madera, era de estilo Bizantino con sus arcos repetidos y una serie de columnas de soporte que se abrían en una cúpula central grande, en el altar había un tabernáculo grande con una pequeña reliquia adentro llamada la Virgen Negra.

La leyenda de la Virgen Negra es basada en una serie de milagros donde una joven campesina encuentra una roca marcada con la imagen de la Virgen cargando al niño Dios, la joven estaba en el río mientras lavaba la ropa, ella le cuenta al cura local lo que encontró y él quiere ver la pequeña anomalía (cinco pulgadas), la joven regresa a la casa sólo para decirles que ha desaparecido, días después la joven fue a lavar al río y encuentra la piedra otra vez y regresa donde el cura con la piedra, él la guarda con llave para protegerla pero la piedra se desaparece a pesar de estar bajo llave, de nuevo la joven encuentra la piedra en el río del bosque; un milagro ha pasado y la gente empieza a hacer procesiones para ver la Virgen, el pequeño río lo usan para recoger agua bendita que la gente usa para curar males y enfermedades. A través de los años, miles de pequeños amuletos has sido dejados en las paredes por creyentes curados; estos amuletos son en forma de piernas, corazones, brazos, aviones, botes o algún pequeño recuerdo donde la gente declara que la Virgen les ha salvado la vida y hecho un milagro.

La catedral esta ubicada en el punto donde encontraron la piedra y el pequeño riachuelo es ahora una serie de fuentes de agua donde los creyentes recogen agua bendita, detrás de la catedral hay un museo donde se exponen los amuletos y una imagen de la joven campesina orando a la Virgen, está es la iglesia que se considera la más grande de Costa Rica y la más articulada en su diseño. Regresamos a la casa de José y Sandra nos dio de tomar jugo de frutas y comer pastel, conversamos sentados en la mesa de la cocina.

A la mañana siguiente esperamos a José que regresará del campo, el había estado trabajando desde las cinco de la mañana, José ha viajado y estudiado agricultura en muchos países desde Europa hasta Cuba, me mostró las fotos de sus comienzos cuando pertenecía a una cooperativa y era muy pobre, él trabajaba doce horas al día cultivando papas y cebollas; eventualmente el empezó a comprar pequeñas parcelas de tierra y poco a poco llego a tener un salario decente, él y su familia han viajado a muchos países, compraron su condominio en Jaco cuando apenas los estaban construyendo hace diez y ocho años; después del desayuno nos montamos en su nueva camioneta y salimos para arriba de la carretera de la montaña para ver sus tierras y saludar a los trabajadores del campo mientras pasábamos, el saludaba a las personas locales y del campo como cualquier campesino de Nebraska, todo mundo conoce a todo mundo.

La carretera estaba bien pavimentada e incrustada en la montaña como una serpiente, eventualmente vimos el valle debajo de nosotros y otro grupo de montañas más allá de Cartago, la vista nos quitaba el aliento, mientras más subíamos el aire se sentía más pesado la vegetación verde caía de las montañas como miel, la humedad del valle fue reemplazada por aire seco y frió que olía a flores de colores verdes; ya no estábamos en la parte baja de las playas tropicales a la cúal ya me había acostumbrado, nos elevamos mucho más alto cada vez exponiéndonos a un exuberante terreno verde de nuevos y diferentes follajes, el ecosistema estaba cambiando drásticamente a lienzos con plantas de hojas amplias y pequeños arbusto con flores, estábamos por encima de las nubes blancas empujadas por el viento pasaban por la carretera, mientras manejábamos a nuestro destino el Volcán de Irazú.

Pagamos muy poco por la entrada y estacionamos el carro más adelante del santuario, habían como tres carros en el estacionamiento, bajamos por un camino lleno de polvo gris volcánico y ocasionalmente veíamos plantas con toboganes grandes muy extraños, hojas amplias y gigantes; la boca del volcán era grande como cuatro canchas de fútbol, la cima de la montaña estuvo en erupción en los años sesenta, el mismo día que el presidente Kennedy visitó Costa Rica, cuando caminamos media milla más ó menos encontramos un cráter a la derecha donde alguna vez hubo un lago, nos acercamos a una cerca de madera, no muy lejos del cráter como un octavo de milla abajo, parecía como si hubieran sacado una cucharada gigante de tierra, en la base había un lago verde con burbujas de gases sulfúricos saliendo a la superficie, que se parecía a las sopas de las brujas, donde el calor y los gases mantienen el agreste terreno sin vida, a lo largo del borde del cráter plantas verdes lo bordeaban, arriba un cielo sin nubes exponía un cielo azul, pero el horizonte estaba lleno de nubes blancas rodantes, el espacio abierto entre las nubes nos permitió ver las montañas de abajo, José nos indicó de otros volcanes cercanos pero lo único que ví, fue mucho verde apagado indicando tierra más abajo.

Después de estar en un fascinante terreno lunar y en el jardín de un extraterreno descendimos a la mitad de la montaña a un museo del volcán, donde había un pequeño café allí encontramos lazos de plumas de colibrí con el caótico ruido y un tráfico de una docena de iridiscentes colibrís, tomé mi lente para ver fotos de cerca y así apreciar mejor estas pequeñas y miedosas criaturas. Sentados en la mesa tomamos chocolate caliente con galletitas, mientras estaba sentado le mire las manos a Fabio, él tenía un raro defecto de nacimiento en sus manos le hacia falta un dedo, él respondió en ese instante diciendo que era un ser humano altamente evolucionado.

Continuamos nuestro viaje, más abajo entrando al valle y pasando por las tierra de José y el pueblo de Cartago encontramos a un lado opuesto del terreno, un lugar áspero tropical y a una tierra muy diferente, nos estacionamos en un parqueo público y caminamos por el borde de un valle grande donde se podía ver un pequeño pueblo como a una milla más abajo de donde estábamos parados, el cielo de la tarde se oscureció en algunos lugares y una lluvia pasajera esparció largas hebras de agua como tiras sobre la selva verde , estábamos en un ambiente mucho más caliente, en menos de una hora de viaje de el lejano espacio hasta la selva; en el parque las familias se sentaban en mesas de concreto a comer su almuerzo a jugar con el frisbi, y me acordé de los paseos familiares cuando era joven que vivía en California.

Muy pronto llegamos al pueblo que vimos desde arriba en el parque, nos fuimos al otro lado donde una serie de pequeños puentes nos puso sobre rápidos arroyos rocosos con piedras de la mitad del tamaño de la camioneta, la carretera estaba muy mala, grandes oyos hizo el viaje muy brusco. Llegamos a un puente largo de una sola vía, Fabio y yo lo cruzamos primero para asegurarnos que era seguro luego y le indicamos a José que procediera; en el lado opuesto nos paramos para mirar el río, José nos explico que estábamos en el borde de el más grande de los Parques Nacionales de Costa Rica, no habíamos visto ningún pueblo en los últimos quince minutos y nos sentimos como si estuviéramos en el fin de la civilización; nos devolvimos un poco de nuestro viaje y cortamos vía a través de un río a una nueva carretera, a un área más poblada, allá encontramos grandes plantaciones de frutas tropicales usadas para jugo, las cúales se cubrían con redes para evitar que los pájaros se las comieran, en este lado del río la carretera estaba bien pavimentada y era mucho más rápida para conducir; los trabajadores del campo con botas altas, negras de caucho y largos machetes regresaban a sus casas a pie, el mugre de sus ropas y la mirada cansada en sus frentes se añadían a su caminar lento, ellos caminabanse al lado de la carretera, cuando nos acercábamos a ellos, poco se esforzaban para hacerse a un lado y evitar a nuestro vehículo, ya se estaba haciendo tarde y todos queríamos ir a comer. Encontramos un pueblo donde paramos en un restaurante con un guardia armado, esto es un significaba que el restaurante es popular, el restaurante tenía televisores grandes en varios lugares que estaban transmitiendo un juego de fútbol, ignoramos los televisores, comimos y seguimos nuestro viaje, el mismo guardia armado que nos recibió saco tres sombrillas y nos llevo hasta el carro mientras la lluvia de la tarde caía causando que subiera el vapor en el asfalto caliente y negro, las carreteras polvorientas se estaban aclarando ahora.

En la noche nos sentamos a conversar largamente, se fue la luz ,muy común en Costa Rica, prendimos unas velas y sonreíamos con la alegría de tan agradable inconveniente; en la mañana José salió temprano para su labor en el campo, Sandra y Fabio nos llevaron a la parada del bus, la línea para abordar el bus llegaba hasta la acera, cuando el bus se fue otra línea ya estaba lista para el siguiente bus, era la hora pico en la mañana.

Un hombre pidiendo limosna se sentó en la pared, exponiendo sus heridas abiertas con las moscas volando alrededor de su pierna mala, a nadie le importó, pero mucha gente le regalo unas monedas, botellas de agua y porciones de sus almuerzos; nos regresamos en bus hasta San José y luego hasta la playa Jaco.

Tercer escrito en mi libreta: Ayer Diana y yo nos encontramos a un hombre colombiano con el cúal pasaba mi tiempo en el condominio, su nombre es Carlos, estábamos unas horas acá y otras en el pueblo sentados, contando historias como su ingles es muy malo, nos enseñandos el idioma uno del otro, Diana y yo lo encontramos en el restaurante colombiano donde compramos las arepas, en la conversación el me preguntó como estaba mi hija: le dije que estaba equivocado que yo no tenía ninguna hija, luego hice un chiste y dije "eso es un secreto del que no puedo hablar", Diana se enojó y no quiso hablar del asunto; en el preciso momento en que estábamos haciendo el amor Diana me pregunta "me prometiste que no te ibas a enojar" (esta es la frase con la cual yo sé que le va a seguir una pregunta de alguna duda que le afecta su autoestima, 90% de el tiempo es una pregunta directa a mi, mi pasado ó mis motivos), todavía estábamos amándonos y me vuelve a hacer la misma pregunta, como sé que la pregunta domina sus pensamientos le pido que me pregunte después.

Cuando terminamos con nuestra actividad, me empieza a preguntar con tanto miedo lo que quería saber, solo sabía que era de la hija que nunca tuve; ella dá muchas vueltas para hacer una simple pregunta; en ese momento yo ya estaba bien enojado pero estaba tratando de mantener la calma, ella me ha preguntado mucha veces por qué me case con ella, sí solo me case con ella para tener sexo y ahora esta nueva pregunta; todas estas preguntas me ponen en una situación de un verdadero mentiroso, que la estoy tratando de engañar (o la he engañado), entonces me enojo con sus indirectas, sí me enoje, fui muy directo y no trate de atender su propia duda y autocompasión, es de esta manera que yo veo todas estas preguntas.

Para hacer la larga historia corta, ella se fue a caminar a la playa muy malhumorada, porqué yo soy un monstruo, le dije que necesitaba un consejero psicológico, ella es la que esta creando un problema en una bonita mañana, en un bonito lugar, me ofusca que me anden cuestionando, me ofuscan las indirectas que me dijo cuando salió, diciéndome dónde limpiar y qué hacer, todo esto me preocupa, es muy difícil mantener independencia cuando una persona es muy dependiente, y esta persona es insegura.

El otro día la pregunta era sobre cuando compartí mi cama con otra mujer, éramos amigos, nunca tuvimos sexo y esa mujer tenía a su bebé entre nosotros; la casa estaba llena de gente y no habían camas extras, esto no es nuevo sobre mi pasado, yo he sido muy abierto para compartir las historias de mi vida, pero estas preguntas tienen la intención de crear lo que esta pasando con "el juego de la duda de Dennis",me alejo de ella por estas razones, me gustaría que madurara y dejara de preguntar, me ofusqué y le grité por culpa del problema en la cama.

Yo estaba leyendo unos párrafos de Khrisnamurti ayer, la idea era de poner mi ego a un lado, que nadie nos puede hacer daño, que el ego y nuestra auto-imagen se ofenden, porque olvidamos que nosotros no somos nuestro cuerpo, luego yo me imaginaba si Khrismamurti alguna vez tuvo una esposa molestándolo en el pecho e invadiendo su espacio personal. Yo le digo a Diana que ella está en mi espacio y su reacción es el preguntarme una pregunta antecedida por " ¿te importa si te hago una pregunta?" ó " no quiero invadir tu espacio pero..."entonces estas reacciones extremas sólo empeoran el tema y yo me cansó de este juego, es un gran exámen a mi paciencia, por el problema del lenguaje siempre estoy tratando de traducir que es lo que ella quiere decir, su inglés es un poco malo y me toca filtrar a través del verdadero significado, en la mitad de cualquier argumento me toca parar para clarificar su inglés este es el primer obstáculo y luego viene el ángulo psicológico ó sea lo que esta detrás de sus intensiones.

Diana tiene dos lados, en uno ella es débil y necesitada y en el otro lado es una niña felíz, ella también tiene dos tonos de voz diferentes, la del lado más amable para estar cerca de ella porque es agradable y graciosa, el otro lado que es un problema sin terminar en constante movimiento, sé por mi mismo que he llegado a un punto en mi vida que no quiero estar deprimido ó malgeniado, tengo el acercamiento a Zen, mi forma de ser es bien estable, es un verdadero reto el estar a lado de otra persona por mucho tiempo y en circunstancias diferente , Diana se comporta muy bien en el ámbito social con otras personas, aún así puedo ser sermoneado después de todo de "como en su cultura es correcto ... bla, bla, bla", mi respuesta es ¿ofendí a alguien?, Tengo 55 años y he interactuado muy bien con otras personas por todo este tiempo, ¡y ahora necesito un entrenador!. Estos son los retos que tengo que enfrentar al casarme con alguien de otro país, quién es más joven, tiene menos experiencia, pero ella es muy agradable como compañía, sería un tonto, pero prefiero cooperar.

Cuarta nota en mi libreta: Es alrededor de las cinco de la mañana, hay relámpagos en la distancia, los pájaros empiezan a cantar y las cercanas montañas tienen una luz resplandeciente que indica que el amanecer llega más o menos en media hora. Ayer fue un día lleno de eventos que se sumaron a una cadena de personas y circunstancias que tejen una historia casi muy complicada, muy aburrida para ser historia, pero un día común y corriente de la vida de acá. Nuestro día comenzó con Johnny que no apareció a las ocho, él es un adolescente, lo conocí un día cuando trataba de llevar la bicicleta de Diana a la iglesia, Diana ya estaba en la iglesia y necesitaba llevarle su bicicleta, un joven estaba caminando y le pregunté a dónde iba, él se ofreció a llevar la bicicleta de Diana a la iglesia, yo estaba en mi bicicleta y había visto como otras personas llevaban otra bicicleta a un lado, yo casi me choco muchas veces, pero Johnny estaba ahí para ayudarme.

De todas maneras, Johnny y yo nos conocimos, él me ayudó a resolver el problema, un par de días después fuí a la playa con Diana y vimos donde él vivía, luego fui a buscarlo, le pregunté si podía ayudarme a pintar las paredes de concreto, con un apretón de manos hicimos un pacto por ochocientos colones la hora (como un dólar y veinticinco la hora), le pregunté cuánto él cobraba y deje que él decidiera el precio, él debía de llegar a las siete de la mañana, trabajó dos días y se ganó quince dólares cada día, él llegaba quince minutos tarde cada día.

Al tercer día él no llego, después de preguntarle el día anterior si podía llegar una hora más tarde a trabajar, estuvimos de acuerdo, llegó hasta las doce y media, en el momento en que ya habíamos terminado toda la limpieza, Diana le dijo que se fuera, él ni siguiera me miro a los ojos, sabía que no estaba contento de haber perdido el trabajo, a mi me gusta llegar siempre a tiempo y no perder ninguna oportunidad. Diana y yo hablamos todo el día antes y después de que él llegara era sobre las responsabilidades y a donde nos llevan, yo le pague a él más del pago mínimo, él vive en una total pobreza con su hijo y su novia ¿qué más pude hacer para ayudarle?.

Diana empleó una muchacha para que le ayudará con la limpieza, la joven es una amiga de José, mi viejo amigo, la chica llego una hora y media más tarde, Diana le pagó veinte dólares, el salario de casi cuatro días de trabajo, estaba enojado porque habían tomado ventaja de ella pero Diana lo vio como un regalo de generosidad, yo nunca gratificaría la tardanza ni ciertamente le pagaría de más, entonces hay un límite entre lo que es generosidad y lo que es un intercambio honesto, ¿tenemos siempre qué enseñar?, ¿estamos enseñando el amor generoso ó enseñando a ser responsables?. Si yo hubiera sido Johnny habría llegado cinco minutos más temprano y si no podría trabajar por enfermedad como él dijo se lo dejaría saber a la persona indicada, él mismo cabo su fosa y nada que yo hubiera podido hacer lo cambiaría a él ó a su situación; nosotros damos lugar a actuar negativamente o le damos poder a otros ¿esa es la pregunta?.

Nos dimos cuenta que Johnny tiene un hijo de veinticinco días y una novia de diez y nueve años como él, lo ví unas horas después, cuando iba para la tienda, él se rió y yo le sonreí, eso fue todo, me preguntó como educador si decir lo obvio es necesario, creo que de alguna manera le hubiéramos dicho de que como llegó tarde perdió el trabajo, en lugar de que Diana le dijera que ya habíamos hecho el trabajo. Contratamos otra mujer para la limpieza, la razón que Johnny dió por no venir a tiempo, fue que tenía un dolor de estomago, yo no le creí.

Hicimos mucha limpieza e hice algunos trabajos de pintura en algunas otras cosas, organice el patio donde construí un sitio para guardar cosas hace un año, cuando hice las reparaciones del techo este año sin querer hice un lugar cómodo para que un animal viviera lo cual se volvió una realidad anoche, las hojas de aluminio en los bordes de la casa se volvieron un buen apartamento para un animal de gran tamaño, pensé que una iguana se iba a instalar en el techo, pero anoche el sonido de plástico en movimiento me mando afuera con mi cámara fotográfica a tomarle una foto a una chucha, élla estaba esculcando en las bolsas plásticas; yo había organizado mis cosas en bolsas de plástico en el espacio para guardar mis utensilios, hoy tenía que empezar un nuevo proyecto, hacer una puerta de metal para mantener fuera de mi patio los animales invasores, Diana no quería venir a la cama por la noche del miedo de que los animales se entraran por la puerta abierta, el clima en Costa Rica es muy caliente, por la noche dormimos con la puerta de el patio abierta, sólo utilizamos una cortina de encaje que actúa como puerta, evitando los mosquitos, al amanecer yo me subí en la escalera a ver si la chucha todavía estaba y no encontré respuesta a está pregunta era demasiado oscuro incluso para mi.

Carlos vino a las cuatro como lo habíamos planeado y cenamos temprano. El pensó que tenía una hija, nadie habló de ese tema. Carlos es de Medellín como Diana, él trabaja acá y le manda dinero a su esposa y a sus dos hijos. Él trabaja como soldador. Cuando lo conocí hace dos años, él estaba trabajando en un hotel y su segundo trabajo es en un restaurante. Ahora su vida es mejor, comparte su apartamento con una pareja y dos hombres. cuando lo ví el otro día con mucha pena no me acordé de su nombre y le dije el nombre del señor que hizo el trabajo de las ventanas, a él no le importó, el año pasado el pasaba por mi casa, aprendíamos y practicabamos el idioma de cada uno.

Voy a hacer el desayuno, me encanta comer por las mañanas cereal, bananas y yogur de fruta para tomar, que delicia, el sol acaba de salir detrás del horizonte y adentro de mi casa veo el resplandor del sol, hoy va a ser un día brillante.

Empezó a llover después que escribí en mi cuaderno, esto fue hace dos horas, acabo de regresar de hablar con mi amigo José, él es muy cercano a mi, a los dos nos gusta hablar sobre la vida interna que todos vivimos, algo así como los doce pasos espirituales, recuperación, casi-emprendimiento, pensamientos de muchos artistas ó personas de tipo creativo que tienen realmente las puertas de estos estados y que no son exclusivas de nadie, el reino de Dios esta con todos nosotros.

Mi mejor amigo y el de más tiempo acá en Costa Rica es José, no el granjero, sino José surfer, lo conozco por casi ocho años, en todos mis viajes a Costa Rica nuestras rutas siempre se cruzan, a través de los años nuestra amistad se ha profundizado, José habla de su relación con la madre de su segundo hijo, ellos se casaron acá en Costa Rica y terminaron hace un año, ella es una "gringa" de Utah. Hablamos de como es de importante saber sobre la impaciencia que tenemos con otros y lo que verdaderamente es impaciencia con nosotros mismos, culpar a los otros es sólo una trampa de la mente. ¿Cómo aprender a expresar necesidades simples (como por ejemplo cocina saludable) en una forma constructiva, a mi esposa en contra de una demanda intolerante?, la relación con mi esposa está acá por una razón y un propósito, también todos los problemas están acá por una razón, nosotros entramos a una relación sabiendo ó sin saber los lazos emocionales que llenan alguna clase de necesidad; desde lo profundo de mi corazón quiero que pase bastante tiempo para que la relación sea bien sólida, mi miedo es que mi lado impaciente y destructivo prevalezca sobre el período de crecimiento, no es fácil estar casado pero prefiero este estado de compromiso en vez de la manera de como lo confrontaba cuando era joven un "escape instantáneo" dos matrimonios desechos no es algo por lo que uno pueda esta muy orgulloso, aún así en este momento tengo más auto-estima y entendimiento, he madurado.

Ultimamente, sólo nosotros somos responsables de nosotros mismos, el verdadero poder en una relación sana, viene de dar y servir a nuestra pareja, lo mismo pasa con la vida en general, desde que enseño he ganado mucho para mi cuando doy, me da risa de la gente que cree que los maestros tenemos una profesión fácil, no hay nada más difícil que tratar con gente inmadura, un exámen de mi auto-control está en constante movimiento, aún así es un juego del golpe y gana, algunas personas son alcanzadas por la instrucciones, algunas nunca son alcanzadas y el resto están en proceso de llegar allí. Por ahora me doy el lujo de no pensar en mi salón de clase; me gusta conversar con José porque estas charlas son siempre de auto-reflexión, algo que a los dos nos gusta hacer.

Quinta nota en mi cuaderno: salimos en cinco días, ayer compramos el boleto de los buses, son tres dólares con cincuenta centavos por los dos para ir a Alajuela y al aeropuerto. Tenemos que estar allí a la 6:30 de la mañana por eso nos regresamos un día antes, mejor que preocuparnos de llegar a tiempo ese mismo día; el hotel está a cinco minutos del aeropuerto, el transporte público y el hotel costarían lo mismo que la vagoneta tan cara para los extranjeros, la compañía de bus tiene un nuevo sistema computarizado, las filas son más cortas y los boletos se pueden comprar por adelantado, en los veinte años que llevo viniendo he visto la ciudad de Jaco modernizarse a pasos acelerados.

Ayer llovió casi todo el día, tome una larga siesta que era como estar en el cielo, Diana entraba a veces y me hacia "bolitas"(pequeños masajes en círculos en la cara), fuimos a comprar los boletos para el bus, José llego como a las tres y media como lo habíamos planeado, todos fuimos a Bejuco, que es la playa donde José compró una tierra, que está como a media milla de la playa, es tan sólo un pedazo de tierra en este momento.

Nos fuimos en el carro del papá de Julio, él es un joven amigo de José que también esta en el programa de los doce pasos (nada de anónimo), había otro hombre con ellos, que tenía una prótesis, el hombre estaba en sus setentas, aparentemente él se durmió borracho en los rieles del tren y perdió parte de su pierda derecha debajo de la rodilla, él no se ha tomado un trago por casi un mes, lo de la pierna paso hace muchos años, empecé a pintar al hombre viejo, su cara esta llena de historias y de sufrimientos.

Regresamos a Jaco, después del atardecer y nos sentamos a ver televisión, una pipa de gas explotó en la ciudad de Nueva York vimos al alcalde contestar algunas preguntas hasta que todo el asunto nos canso, creo que nos acostamos como a las ocho.

En la mañana nos levantamos a nadar en el océano, habían muy buenas olas para surfear, creo que me estoy poniendo viejo porque no tengo la misma energía de antes, cuando estoy en el océano, los dos perdemos mucho peso (que alegría), mientras trabajábamos en este calor, yo hacia ejercicios en Nueva York, iba a nadar especialmente para estar en forma antes de que llegara aquí al océano; la primera noche fui a nadar, me cansé mucho y me dio mucho miedo la corriente, en el primer encuentro con el océano me dio un poco de miedo nadar.

En la ruta a la playa paramos y despertamos a Johnny, Diana le habló y le dijo que tendría otra oportunidad de trabajo con nosotros, pero que tendría que llegar a tiempo, él le dijo que sabia que ella era una persona muy seria, estrechamos nuestras manos para asegurar el trato, mañana él reparará una pared en el patio y hará algunos trabajos de pintura, le dimos otra oportunidad a Johnny y esta vez no puede llegar tarde.

Hoy el día esta claro, todo lo que he hecho es ir a el cajero automático para comprar una cerca de alambre para mantener la chucha fuera del lugar por la noche, a pesar de que anoche no lo sentimos, Diana no lo quiere ver de nuevo.

Diana y yo hemos estado de muy buen humor en estos días, sé como explotó y no sé como mejorar mi comportamiento en esos exáctos momentos, hablamos de esto, sé que necesito ser un mejor esposo, justificó mi mal comportamiento, explicando mis progresos, las frustraciones que salen de mi, de vez en cuando son como una erupción, Diana quiere que la traté con mucho cariño y amor, pero mis hormonas masculinas salen como un volcán en erupción, el comportamiento destructivo es contra producente; aún así yo puedo controlar esta presión, minutos después estoy bien, pero Diana sufre en los días que explotó.

Toda está frustración interna se manifiesta durante el sexo y es muy malo para ella, las ocurrencias de enojo son pocas y separadas, me acuerdo que me contuve mucho en mi luna de miel, al sentirme tan volátil, creo que nos estamos conociendo mejor y mi comportamiento abrupto será menos cuando entendamos nuestras interacciones sexuales mucho mejor; yo he tenido algunas experiencias sexuales y ella ha tenido muy pocas, esta combinación incluye mucho tiempo de aprendizaje, lo irónico es el hombre maduro que quiere una mujer joven y virgen, ese espacio de las experiencias crea una necesidad de aprender del otro, cada persona es diferente y tiene distintas necesidades y experiencias, les sugiero a otras personas que dejen mucha de esas experiencias en la puerta de afuera cuando empiecen una nueva relación, porque empieza un proceso nuevo, aún así la madurez es una bella herramienta para manejar lo que la vida y las relaciones traen, yo todavía estoy aprendiendo lo más importante,es no ser tan inteligente ó todo esto se te regresará para darte una buena mordida en el rabo.

Ultima nota en mi libreta: Julio 24 del 2007, estamos casi listos para irnos, el condominio está bien limpio y estoy muy contento con todos los arreglos que le hicimos, tenemos media hora en el aeropuerto, lo que más miedo me dá es venir al aeropuerto el día equivocado, que tonto, tomamos el bus ayer porque el avión sale a la 8:30 de la mañana y el bus de Jaco sale a las 4:00 de la mañana esto nos retardaría media hora de las dos indicada por el aeropuerto para el vuelo, el viaje en bus fue muy placentero porque llovió y refrescó el clima, nos despedimos de todos en el complejo incluyendo a el más importante el guardia de seguridad con las instrucciones de no dejar entrar a nadie al condominio, a excepción de Oscar la persona a la que le compré el condominio.

Llegamos a Alajuela como a las 3:30 p.m. y encontramos un hotel con el conductor del taxi, me iban a cobrar cuarenta y cinco dólares por la noche, habíamos ido a otro hotel antes en el cúal me había quedado antes, ellos querían setenta dólares, el nuevo hotel era grande lo mismo que los cuartos, tome un baño caliente, la gente muy agradable, el único problema fue que el cuarto se encontraba en el tercer piso, pero el conductor del taxi me ayudó a subir las maletas.

Tres días antes de salir de Jaco, Diana y yo fuimos a mi lugar favorito, quede triste y asustado al ver que el árbol gigante en el cual me había sentado por doce años había desaparecido, la mañana anterior fuimos a nadar al mismo lugar, vimos un buldózer y le pregunté al Gringo que estaba llegando ¿qué era lo que estaba pasando?.

Me contó que otro complejo iba a ser construido, le dije que yo había estado acá por doce años y ahora mi playa privada iba a cambiar, nunca me imagine que iban a cortar los árboles y en especial ese árbol tan grande y lindo, estaba muy triste, el árbol tenía como doscientos años de vida y estaba por fuera del parámetro de la cerca, nunca pensé que lo cortarían, no sólo cortaron ese árbol sino que también unas palmeras; estas locuras me irritan mucho, piensen en el placer que ese árbol le dio a las personas que visitaban el lugar, yo he pintado sus ramas muchas veces y en un abrir y cerrar de ojos ya no está, ellos no pueden cerrar la playa, me da miedo pensar que vendrá luego, el norteamericano dijo que el complejo había comprado la tierra, cuando le pregunté si iban a construir una carretera por el otro lado este no dijo nada, pero eso es lo que va a pasar, porque el río mantenía antes la playa cerrada al tráfico; la muerte de un buen amigo, me imagino que esto me hace a mi verdadero amigo de los árboles, de verdad estoy triste con los invasores destructivos que hacen esto sin ningún respeto por la naturaleza, estoy seguro que ellos plantaran más árboles y mantendrán los jardines bonitos pero ese árbol no le hacia daño a nadie, solo añadía belleza al sitio, esta clase de proyectos me hace sentir mal de ser americano.

En la mañana antes de salir contratamos a una mujer para hacer la limpieza, Johnny nunca vino a trabajar y me tocó a mi hacer sólo el trabajo, mientras limpiaban yo hacia unas repisas de madera, las empecé la noche anterior, las pinté y prepare las vigas de la pared, lo hice por pasos y fue un proyecto agradable para el final, la mujer de la limpieza se fue y me fui a nadar por última vez en la piscina, mientras Diana hacia el almuerzo, comimos como chanchos en los últimos días porque teníamos que salir del exceso de comida, también nos trajimos un recipiente con arroz y frijoles para la cena, que nos la comimos en el hotel.

En Alajuela caminamos por las calles, como una hora fuimos al mercado tradicional central y buscamos un Internet café, todo mundo en el pueblo cierra a las seis, empezó a llover y nos devolvimos al hotel a ver el debate democrático, viajaremos a Colombia por Panamá en la mañana.

CAPITULO 11: VIAJE A COLOMBIA

Primera Nota:

Hemos llegado a Colombia. Es nuestro segundo día. Nuestro vuelo se realizo sin ningún contratiempo a pesar des haber hecho escala el aeropuerto de Panamá y esperar dos horas para la siguiente conexión. Tuto, el papa de Diana, estaba en el aeropuerto cuando llegamos. El aeropuerto es moderno, pero me molesto un poco el hecho de que había una larga fila para llegar a la aduana para que nos revisaran el equipaje. Mencionamos que estuvimos en Costa Rica y la policía militar nos llevo a otra fila para mas revisiones de seguridad. Esta fila era mas rápida y era para pasar por el equipo de rayos x. Pusimos nuestro equipaje de mano en las cintas trasportadoras para que las escanearan. En fin, fue un atraso con una invasión inofensiva.

La autopista a Medellín es muy moderna y bonita, la carretera sale de una meseta alta en donde está el aeropuerto, con una vista al fondo de la ciudad, se mira espectacular. Las graciosas vías curveadas te llevan a la ciudad donde la carretera termina en un caos instantáneo. La calle principal o mejor dicho, la primera intersección para cruzar en la ciudad es sin semáforos. Es atentado manejar allí, el tráfico fluye, pero no se sabe quien tiene la via. Sería bueno colocar un semáforo que ayude a los carros y los camiones a seguir su rumbo sin obstaculizar el tráfico, ni esperar mucho tiempo. Nosotros seguimos y otra vez estábamos en una calle principal, la calle desapareció en un cruce y reapareció después de pasar un puente.

El humo es horrible y denso, hay motos por todas partes. Cada conductor usa un casco protector con el número de la placa marcado, y lo mismo que en el chaleco, me gusta esta idea. Hay demasiadas motos y es la única manera de que cumplan las leyes. Noté que algunos llevaban pasajeros y que ellos a veces llevan el numero incorrecto, pero ¡ah! ellos tienen su razón, y me sorprendí que la mayoría de ellos tienen el número correcto de la licencia en el casco y el chaleco.

El taxi que nos llevaba casi choca con la parte trasera de otro carro, el conductor hizo una gran maniobra y nos salvó la vida a todos. Colocamos tres maletas en el pequeño baúl y una adelante, nos sentamos en el asiento de atrás. Estábamos los tres bien apretados. El conductor no se encontraba muy bien que digamos ya que las condiciones eran malas afuera, esta lloviendo y las calles estaban resvaladizas y mojadas.

La infraestructura de la ciudad es mucho mejor que la de Costa Rica, aún así se ven signos de pobreza. El túnel que nos lleva al centro de la ciudad había gente viviendo a lo largo del borde de la carretera, eso es su santuario, un lugar donde nadie los molesta ni se meten con ellos. Ellos tienen sus cajas de cartón y unas cuantas mudas de ropa. Hay suficiente humo como para preguntarnos como sobreviven.

Ocasionalmente, veo hombres cambiándose de ropa o comiendo en estos túneles llenos de ruido, polvo y carros corriendo. La ciudad tiene belleza, y en medio de todo, también una gran pobreza.

Subimos nuestras maletas cinco pisos arriba, almorzamos una deliciosa comida y desempacamos, nos acostamos a dormir como a las ocho, la mamá de Diana llegó a la casa como a las cinco e instantáneamente empezaron a llorar. Diana extrañaba mucho a su familia y a su ciudad, estos viajes de regreso a casa es lo que sostiene su alma. Puedo ver cual importante es aquí la familia. La vida aqui es difícil, las calles y las aceras llenas de hoyos, pero dentro de sus casas son limpias y modernas como en cualquier lugar. La vida familiar es muy importante aquí.

Dejé la casa de mis padres cuando tenia diecisiete años. Salí disgustados con ellos, por eso se poco de esa unión familiar que Diana tiene con su familia. Lo que yo percibí en realidad cuando deje mi casa fue que di un paso saludable al dejar a una familia disfuncional de gente loca. Yo obtuve mi sanidad cuando me aleje de lo que sé es el único soporte real que mucha gente aprecia y necesita en el mundo que se llama la familia. Necesito aprender más en esta área, me fascina lo estable y civilizada que es la familia de Diana, a veces se molestan los unos a los otros, pero nunca a nivel de crisis como en mi familia, ellos parecen que aceptan la vida en una forma que les trae mucha alegría, están satisfechos con muy pocas posesiones materiales y muy conscientes del valor personal de cada uno, como si fuera un regalo, me gustaría que lo mismo pasará en mi país.

El carro de Tuto está en el taller de nuevo y me acaba de explicar que es lo que tiene, pero la mitad me lo imagine debido a mi limitado español, no sabe cuando su "bala blanca" estará lista, el carro es un FIAT blanco de 27 años de edad, lo ha pintado y restaurado tantas veces que es una obra de arte en la escuela de la sobrevivencia. Les puedo asegurar que el carro no cumple con las reglas de regulación de emisiones de aire, con tratado de Kyoto o sin tratado, este carro podría valer la mitad de los créditos en la China, pero él adora su carro, así como nuestros antepasados adoraban a sus caballos.

Hoy fuimos al banco a sacar dinero, al supermercado y a comprarle a Diana unas gafas de sol. Diana estaba muy enojada porque la tarjeta de débito que uso en Costa Rica no trabajo acá. Fuimos a nuestra heladería favorita, que es como al estilo de las heladerías de los años cincuenta de los Estados Unidos, las mujeres usan unos uniformes bonitos con sombreritos y te atienden como si fueras de la realeza. Me gusta venir a este lugar, me siento bien a gusto, me siento como un niño pequeño que regresa al pasado y que lo invitan el domingo a comer un helado, esto es muy especial, no me preocupo por mi peso, he rebajado una talla menos de pantalón por estar trabajando en el calor de Costa Rica; Tuto me dio unos jeans talla 36 y me quedaron bien, estoy sentado en un cuarto de lavandería con dos ventanas a los lados, puedo ver la ciudad en ambos lados del valle y las luces de la noche se están encendiendo, estamos en casa de nuevo.

Segunda Nota:

AMOR POR INTERNET: ASI CONOCI A MI ESPOSA

Fuimos a un pequeño pueblo llamado La Ceja, el bus se demoró como dos horas y media porque hizó muchas paradas antes de llegar al pueblo. El pueblo de Ceja queda a como a 30 millas en las afueras de Medellín, llegamos y nos sentamos en la plaza del pueblo, era muy bonito y había una brisa fresca de aire, saque una chaqueta ligera que Tuto me prestó. En las montañas hay una temperatura más fresca como de diez grados menos que en Medellín. A pesar de que es verano y que no estamos tan lejos del ecuador se encuentra un poco frio. En la plaza del pueblo comí aguacate con galletas, algo que mi madre me enseñó a amar; tome muchas fotos y visitamos la iglesia. Cada pueblo tiene una plaza, un parque y una iglesia que vale la pena visitar.

Caminamos algunas cuadras y le preguntamos a unos hombres donde podríamos comer algo barato, nos mandaron en la dirección correcta y encontramos un lugar rápidamente donde comimos arroz, frijoles, yuca, papas y un pedazo de pollo que costo dos dólares por cada uno, tomé más fotos y encontré más cosas interesantes en el bar, era una colección de objetos antiguos, note que la gente no quería que les tomará fotos, y les pregunté por que.

Caminamos unas cuantas cuadras y nos encontramos en una calle sin autos. En las casas había gente parada en la puerta. Diana paró a un viejito y le dijo si podía tomarle una foto, él acepto. En la misma calle vimos un hombre viejo muy interesante en una puerta y también le dijimos si le podiamos tomar una foto. Èl nos invitó a su casa y nos mostró las fotos de toda su familia que estaban en una pared. Èl tenía una colección de fotos de sus bodas de oro. Èl tuvo ocho hijos, y uno de sus hijos nos mostró un altar dse fotos en otra de las paredes, él era un poco retrazadito y tenía como cuarenta años. Ellos estaban muy orgullosos de la luz eléctrica que iluminaba un crucifijo de bronce, yo estaba tomando fotos todo el tiempo, la esposa estaba muy calladita en una silla de ruedas, ella estaba enferma. En las fotos de las bodas de oro, ella estaba parada, creo que un paro cardiaco la dejo en la silla, nos despedimos y seguimos nuestro camino.

Una cuadra más abajo un hombre salió de su casa y se montó en su bicicleta, cuando volteó y nos miró se bajo de su bicicleta y de inmediato nos invitó a su casa, nos explicó que estaba ayudando a una familia de desplazados por la guerrilla, él nos llevo a la casa de enseguida, primero nos preguntó que de donde veníamos y le dije de los Estados Unidos, él quería que alguien viera las condiciones de esta familia, yo no estaba seguro si él quería dinero o ¿qué? pero vimos las terribles condiciones de vida de esta familia, luego hablamos de este asunto. Diana dijo que él solo quería mostrarnos esa situación y nunca preguntó por dinero, yo filmé el encuentro y tomé algunas fotos, el cuarto donde toda la familia dormía tenían la ropa por todas partes y en desorden. En la cocina solo había un fogón y no parecía una cocina, el piso estaba sucio y las condiciones de la casa eran muy críticas.

El hombre nos llevo en la parte de atrás de su casa, donde nos mostró un patio grande con un jardín. Los niños estaban trabajando recogiendo frijoles en el jardín, en poco tiempo nos mostró toda la casa que no era como la otra casa, la casa estaba limpia, tenía plantas, fotos de payasos y objetos de cobre, entramos en otra dimensión, no dimos un centavo pero me sentía como que quería meterme la mano al bolsillo, por supuesto sentí la tristeza de el pobre "desplazado" (como lo llaman es español) pero estaba allá como visitante y observador.

Gastamos como siete minutos con este hombre y no estaba seguro cuanto tiempo íbamos a estar con él, por nuestra propia seguridad, dimos las gracias y nos fuimos a la calle de nuevo. Caminamos hacia el cementerio y vimos muchos más hombres sentados en las esquinas. Un hombre nos siguió hasta la entrada del cementerio, le pregunté si podía tomarle una foto, dijo que no, supe que era hora de irnos para un lugar más seguro con más gente, los dos teníamos el mismo pensamiento de estar con más gente por eso caminamos despacio para el centro del pueblo, no puedo decir que estábamos en problemas, pero me sentí muy incomodo en ese barrio tan pobre.

Compramos los boletos para el siguiente un bus y salimos de allí lo más pronto posible. Sé que Diana no disfrutó del día como ella quería, pues ella quería estar al lado de su gente tomando café, pero creo que fue una aventura que mucha gente no se atreve a hacer. Yo siempre he tenido la estrella de la protección. Siempre tratamos a la gente y a las situaciones con una calma y mucho respeto.

Mientras nos estábamos alistando para irnos a dormir, Diana estaba diciendo como era que ella no esperaba estar casada con un "hombre extraño", ni siquiera me ofendí, ella me cataloga de excéntrico, pero eso no es tan malo. Le pregunté que esperaba y ella contestó hijos y una buena casa. Esto pasa cuando dos personas de dos países diferentes se casan, el sueño americano de tener una casa es un gran compromiso financiero y yo prefiero viajar y conocer el mundo que estar amarrado a semejante responsabilidad. Los hijos vendrán cuando Diana tenga su carrera y esté más adaptada, si esto no pasa será porque no iba a pasar. Diana tiene una condición seria que limita su habilidad para tener hijos. Yo hace tiempo pase mi joven ambición genética de procrear un pequeño mini-yo, quiero planear y estar seguro de no tener que preocuparme de faltar a una responsabilidad financiera de un hijo, el salto ciego que tome al casarme fue suficiente para mantenerme satisfecho, lo desconocido que acarrea un hijo es un paso muy serio, el reto es muy claro para mi, yo nunca quise vivir como una "expectación" pasándola como una familia de sociedad. Esto lo tuve muy claro. Diana viene de un lugar totalmente diferente, esta es la mitad donde nos continuaremos conociendo y creando un lugar en común.

Tercera Nota:

Estamos en la finca del tío de Diana y tuvimos un conflicto en tratar de decidir si íbamos a la boda de un primo o veníamos a la finca. Me puse a pintar, pero necesitaba retocarla, la pintura es del frente de la finca. Diana, su papá y su tía fueron a la misa, estoy aquí con su tío Jairo, él esta trabajando en un rompecabezas de números, él gasta mucho tiempo en esto, sólo por entretenerse. Llegamos a las once, almorzamos y como cosa rara tome una siesta, es muy agradable estar acá, el único problema es que estamos cerca a la carretera a Medellín, la misma que nos lleva a el aeropuerto, esta ubicada en la cima de la montaña, a unos cuantos metros queda la ruta para el pueblo de Guarne donde vive el hermano de Diana, se escucha la música de los cuarenta, el tráfico se oye a lo lejos y yo estoy de regreso en el tiempo en un lugar de Colombia.

Ayer fuimos a un millón de lugares comprando y completando mandados, estaba muy cansado de tanto caminar, cuando llegamos a la casa de Diana, otro tío, Fabio y su esposa estaban de visita, les mostramos las fotos de Costa Rica en la computadora.

La caminada a la casa de Diana anoche fue muy interesante, fue nuestra primera vez que salíamos de noche, era viernes y la calle principal (la Playa) estaba muy animada de actividades, la calle estaba llena de gente, los cafés estaban llenos y la música a todo dar Los músicos y teatros callejeros estaban bien esparcidos a lo largo del bulevar, en las aceras los vendedores ambulantes colocaban sus telas en el piso con su objetos para vender, el olor a marihuana estaba en todas partes y la ciudad tenía un ambiente de fiesta. Pensé que esta calle era loca en el día, pero en la noche se llena de vida espectacular con el arte y las ventas. Las manualidades eran interesantes para mirar pero mucho de estos objetos se pueden conseguir en cualquier parte.

Una de las cosas interesante de esta ciudad son los celulares en la calle, no venden los celulares sino las llamadas por celular, hombres y mujeres se paran al lado del que esta usando un chaleco negro y que tenga celulares amarrados a una cadena, colgado de otra cadena esta el precio del valor del minuto, esto esta escrito con letras negras en un aviso pequeño de doce pulgadas por doce pulgadas. Muchas veces el vendedor esta parado y tres o cuatro clientes están hablando en el celular que esta encadenado a él o a ella, es un buen invento para usar la tecnología y el comercio.

Las ventas callejeras son interesantes. Un hombre o una mujer pasan todo el día vendiendo el mismo artículo ¿Cómo hace la gente para vender y conseguir dinero para comer. ¿Cada cuánto cambian de artículos? ¿Como encuentran estos artículos tan particulares para la venta y por qué ? Yo estoy fascinado con el negocio, a mi nunca me gusto vender nada ni mi arte ni mi música, yo nunca estuve en la verdadera necesidad de vender nada, pero hubo tiempos en que la plata de la renta salió de mis dotes de artista. Muchas veces me vi sin un centavo. Pensar que mucha gente alrededor del mundo come dependiendo de lo que vendan en el día.

La vida de aquí y la de Costa Rica es como yo me imaginaba que debería de ser una verdadera y libre economía en los Estados Unidos. ¿Que es lo que pasa en los Estados Unidos cuando quieres vender en la calle o en una feria de manualidades tus artículos? Hay muchas restricciones burocráticas y legales para empezar un negocio propio, siempre he vivido de cheque en cheque toda mi vida y era muy duro, mucha gente necesita mucho dinero para solo rentar un sitio para empezar su negocio. Cuando yo era estudiante me sentí violado a veces por el sistema educativo por el solo hecho que no tenía dinero para la matrícula, a veces pensaba que me hubiera ido mejor vivir en un sistema de gobierno comunista donde le dan muchas oportunidades a los artistas, estoy seguro que Diana siente la misma frustración por ser inmigrante. No hay ninguna salida para dejar el trabajo duro, siempre se suda mucho, aunque seas una personas de negocios o un estudiante. Creo que Diana tiene muchas ventajas al lado mío y no se ha dado cuenta de ellas, este es mi regalo para ella.

La gente acá y en los países del tercer mundo viven mas libres de lo que expresan las propagandas de las corporaciones del medio. La vida americana es muy rígida y confiada. Como soy profesor siento que puedo vivir como quiero por unos cuantos meses al año, los impuestos y los permisos dañan la vida libre, pero al mismo tiempo nos dan unos estándares de vida que pueden ser muy buenos. Yo opino mucho en cuestiones de política y economía. Realmente, para mi es un misterio. El capitalismo es basado es ser tacaño y el comunismo es basado en opresión. Necesitamos algo que esté en medio de esos dos. ¿Puede ser el socialismo? Me parece correcto algo en el centro (si algo más ssimple).

Cuarta Nota:

Esta mañana llevamos a Tuto al hospital, estaba vomitando sangre y con mucho dolor de estómago, tenía úlceras en el estomago. Todos en la casa tenian mucho miedo y eso no me gusta, pues creo que cuando alguien esta enfermo es el tiempo para estar calmado. Diana y su mamá están histéricas, mientras el padre esta muy calmado haciendo chistes. Después de haber visto tantas enfermedades en mis padres ya no reacciono con enojos, tal vez es la forma en que los hombres y las mujeres manejan situaciones en forma diferente, veo que la necesidad de atender el enfermo es un proceso que no deja espacio para las emociones. Mi esposa latina es sólo emociones en esta mañana, menos mal que todos estamos acá. Diana estuviera más preocupada si estuviéramos en otro lado, esperé en el hospital por un par de horas, luego Diana me preguntó si me quería ir a la casa y me vine solo para la casa sin ningún problema, en verdad paré un rato en el parque.

Anoche estuvimos en el mismo parque que esta cerca del apartamento. Es la primera semana de agosto y se están haciendo las preparaciones para el Festival de las flores. Estaremos en Bogotá ese fin de semana, yo cometí el error de reservar los pasajes para el mismo fin de semana, me perderé el desfile de las flores, dicen que es espectacular. El parque anoche estaba lleno de gente vendiendo joyería, mucha comida, ropa y ropa tradicional colombiana en unas casetas, nos sentamos y la mamá de Diana empezó a hablar con unos militares. Ellos están en la ciudad para proteger la comunidad durante las fiestas, es muy bueno para ellos estar entre la gente. Eso fue lo poco que alcancé a oír de ellos.

Ellos patrullan el parque con armas y sus municiones automáticas, a la gente poco le interesa. El parque ciertamente se veía seguro. Los niños se sentaban en los carros que pintaron para que parecieran como o trenes, la gente realmente disfrutaba mucho este evento. Había un hombre que les daba unas vueltas alrededor del parque, parecían que esos niños estuvieran manejando, se veía muy graciosos. También se oía música por el altoparlante y habían algunos cantantes. Pero esos cantantes cantaban con pistas, no era en vivo y la gente no aplaudía. Algunos borrachos bailaban en frente de los artistas, pero ellos estaban en su propio mundo, miles de millas lejos de la audiencia. Nosotros nos reímos de todo eso.

En el día estuvimos en la finca de la tía Elsy, hermana de el papá de Diana, además allí estuvieron de visita el tío William, su esposa, su hijo y el novio de este, llegaron para almorzar. Diana me indicó que no hiciera ninguna clase de preguntas, ella aún no me conoce. Todos estuvimos muy agradable en la finca. Nos sentamos en el piso para tomar unas fotos y ví como son estas personas de naturales y me pregunto por qué mucha gente en el mundo quieren ser como los americanos. Ví ala tía abrazando un árbol y me di cuenta que estaba con la gente correcta.

Cuando regramos a la casa la gente se sentó y empezaron a hablar mientras sonaba una música vieja en un disco compacto, parecía estar en el cielo y sin tensión, con toda esta gente tan genuina y agradable. Todo el día fue bien calmado y amigable que es lo que necesitamos para nuestra alma. Pinté unos cuadros del folklor de ahí. En el almuerzo los tíos se rieron de mi cuando me comí un aguacate con pan, pues no quise poner aguacate frío en una sopa caliente como ellos querían que lo hiciera.

En la mañana tomamos un bus para Guarne, un pequeño pueblo donde vive el hermano de Diana, el bus se demoró diez minutos. La plaza del pueblo estaba llena de gente que estaban celebrando las ferias de las flores, pero las flores no las han sacado todavía hasta el otro fin de semana, pero la fiesta sigue toda la semana. La fiesta es un homenaje a la vida de los antepasados, la gente se pone los traje y hacen comidas tradicionales, hacen desfiles de carros antiguos. El desfile de las flores los hombres cargan sus ramos de flores a sus espaldas. Eso solo he visto fotos. Estas flores simbolizan cuando los indígenas cargaban a los españoles en sus espaldas usando unas sillas cruzadas en sus espaldas.

En la casa del hermano de Diana estaban el primo Felipe, su esposa y sus dos hijos. Ellos llegaron a la boda de otro primo la noche anterior. Más tarde llego el tío de Diana, Fabio y su esposa y todos nos sentamos a hablar mientras los niños jugaban en la computadora, los dos hijos de Felipe nunca hablaron con nosotros, su vida es la computadora. Nosotros los hemos visitado en los Estados Unidos y tampoco nos hablaron, no puedo imaginarme como serán estos niños computadores en el futuro, serán unos monstruos en los computadores pero les faltaran técnicas de comunicación. ¿Quién sabe? Teníamos que regresar a la casa del tío Jairo y salimos para la plaza a tomar el bus para la finca. Disfruto mucho de esta gente, ninguno compite con otro. Lo que percibo es que la aceptación es más importante que calcular y analizar a los otros.

La gente del tercer mundo viven el sueño de los hippies de mi juventud. Cuando tenía veinte años, visité un par de comunidades para ver si me gustaban. La finca en Tennessee y la de Harbon Hot Springs en el valle de Napa en California me gustaban, pero nunca tuve el valor de estar en ese tipo de vida y renunciar a las comodidades de la clase media. Estaba buscando un futuro mejor, el cual si llego, pero creo que puedo acabar con algunos valores de la clase media que aprendí a odiar. Todos los tropiezos para sobrevivir me dan más dignidad, y no ser malcriado y consentido. La vida callejera siempre me pareció fascinante, acampar en el campo fue una de mis metas cuando yo era joven. Yo construí mi propia granja de hippies en Nebraska, vivía a veces con algunos compañeros de cuarto, pero la mayoría del tiempo vivía solo, haciendo arte creativo con mi música, pintura y fotos. No había tiempo para sembrar nuestra propia comida, no tener que levantarse cuando suena la alarma del reloj y seguir una vida secular, pero la habilidad de ser feliz con lo que tengas enfrente, es un regalo. Llevó tres días sin ver la televisión acá, pensé que era un milagro. Anoche ví unas cuantas escenas de una película americana y sabia que no me estaba perdiendo de nada, apague la película antes que acabará, pues sabía que iba a pasar, también me gusta la vida sin libretos.

Diana está todavía en el hospital y Morelia (la mamá de Diana) me hizó un almuerzo delicioso de arroz, pollo y sopa caliente con aguacate.

Quinta Nota:

Ayer tuvimos muchas peleítas, hubo un momento que casi la dejo sola en el metro, pero no hubo ninguna buena razón para enojarme de verdad, ella tiene ahora mucha presión y se vuelve muy temperamental, no tengo paciencia para soportar su autocompasión, yo la mimo sólo cuando viene de mi parte. Diana se siente demasiado influenciada para ayudar económicamente a su padre, por eso ella se siente muy mal, esto a veces es su única motivación, eso me pone de mal genio. Cuando trato de ser más compasivo con ella, empiezo a hablar y también empiezo a alegar, y eso es algo que ella no necesita. Pero cuando ella me dice algo que me enoja no lo soporto. Ella no me va a manipular imponiéndome una responsabilidad familiar.

Anoche la madre de Diana toco mi pelo y me dijo que si me cortaba el pelo. Le dije a Diana que le preguntara a su mamá, si yo le he dicho a ella que se corte el pelo ó que se viste de alguna manera en particular (esto paso en el cuarto del hospital). me toco aguantarme la cantaleta de como en Colombia es una tradición hacer sugerencias (en realidad es criticar a otros de una manera suave). Le pregunté a Tuto si él le ha dicho a su esposa que se corte el pelo, y el dijo "sí hago esto para ayudarla", lo cual es una gran bobada, porque al hombre no se le permite tirarse un ventoso sin decirle primero donde se lo debe tirar, ahora si estoy enojado.

El día anterior en el hospital Diana me preguntó si quería tomar un poco de seven-up, y le dije que no, Morelia vio esto, ella estaba junto a nosotros. Entonces Morelia en menos de cinco minutos me preguntó tres veces si quiero tomar seven-up. Yo no tomó gaseosas americanas que contengan azúcar, y he tomado algunos tragos de coca-cola. Morelia trata de manipular su hija y de alguna manera a mi con mucho cariño, ella es muy cariñosa y habla suave pero muy manipuladora. Diana piensa que yo soy muy estricto y que ayer me comporte como una muralla de piedra. Yo no gasto mis emociones, yo no tengo ningún control sobre los otros, sólo me controlo a mi mismo. Prefiero llamar espada a una espada pero no me tomo una gaseosa sólo para ser agradable, no sigo las costumbres sólo para ser agradable.

En la casa el orden impera, si yo dejo la cámara o algo afuera en cualquier parte, Morelia la guarda en otra parte. Estas son mis cosas y están en el cuarto de Diana, aún así su madre entra al cuarto y ordena todas las cosas de su hija, para mi esto es una alerta roja de peligro, algo muy profundo y simbólico está pasando en la vida de Diana.

Las monjas están de visita en el hospital y están pasando la misa en el televisor. En ese momento yo estaba leyendo un libro y continué con la lectura, estoy seguro que no tenían idea de lo qué estaba leyéndolo (sobre la espiritualidad), ellos siguian la misa, se paraban y repetían las oraciones en un modo muy solemne. Hubo un momento en que estaba leyendo cosas sin chiste, algo dictatorial, algo peligrosos para el espíritu. Ponen en hombros de muchas personas la muerte de Cristo, peor aún, toda la perversión lo ponen en el sufrimiento de Cristo, pero permiten las guerras para la construcción de iglesias de oro.

Esta mañana estaba conversando con Diana sobre todas estas "costumbres" y como me sentía como en una es pila de excremento. Muchas personas han llevado sus tradiciones hasta la guerra y la muerte, y peor son los que rechazan ser parte de esta locura, son considerados sin corazón. Cuando Diana se caso conmigo no sabia que mis creencias iban a crear conflicto entre ella y su familia, ella esperaba muchas de las trampas tradicionales de la familia y la riqueza. Creo que le tomara años en entender su propia liberación, se necesita mucho coraje para nadar en contra de la corriente cuando todo el mundo esta flotando en una balsa en la dirección opuesta.

Yo voy a la misa porque sé, que es importante para Diana, hay algo de hipocresía en mis acciones, tal vez es más importante la necesidad de compartir actividades espirituales con mi esposa en sus términos. Yo no la quiero cambiar, porque que veo que son conceptos espirituales muy importantes. Me he metido en muchos problemas toda mi vida porque tengo puntos de vista distintos y trato de vivir mis propios valores cada día. Aprendí hace mucho no dejar que los otros decidieran que es lo correcto para mi. El matrimonio no tiene que cambiar esto, si puedo ser verdadero conmigo mismo también puedo ser verdadero con mi matrimonio. Estoy seguro que no dejaré que lo que ellos esperan de mi, se entrometa en lo que yo veo que es correcto, esta es mi fortaleza. Hay muchos venenos en la vida, ellos vienen dulcemente cubiertos con una gratificación emocional inmediata.

Ayer visitamos tres amigos, a una nunca la había conocido antes, ella tenía seis meses de embarazo. El tema de conversación siempre era sobre tener hijos. Una de las mujeres es un poco madura y tiene hijos ya grandes, las otras dos no están casadas y tienen hijos o están a punto de tener su primer hijo, les explique que quiero conocer a mi esposa primero y tomar las cosas con calma. Encuentro extraño que estas mujeres no estén casadas, tengan hijos y vivan con sus madres. Sí, Dios provee para todos, pero no es nada erróneo planificar como mantener un hijo, y lo más importante construir una relación básica bien fuerte con buenos compromisos. Una vez más las tradiciones son muy importantes, que ser una persona práctica. Todas estas mujeres eran muy agradables, son amigas muy importantes de Diana, no tengo nada malo que decir de sus amistades, pero el poder de procrear no debería ser tomado tan a la ligera, tener una bella muñeca para jugar, no es mi idea de como ser buen proveedor. Yo veo primero la responsabilidad, pero esto puede cambiar.

Sexta Nota:

Vamos de salida para Bogotá y luego iremos a Ecuador, Diana tiene que bañarse después de limpiar la casa, estos son dos rituales que tiene que hacer. Aún cuando la mamá de Diana estaba en el hospital con el papá, la casa tenía que limpiarse, barrerse, trapearse y sacudirse. Las calles de aquí son muy sucias, no como en Costa Rica, pero dentro de las casa es algo impecable.

He decidido dejar la computador acá por razones de peso y seguridad, tengo un libro de notas que usaré y luego las paso a la computador cuando regresemos a Medellín. No creo que tenga tiempo cuando llegue a Nueva York y empiece a enseñar. Traeré un iPod y con unas bocinas. bafles externos.

Anoche sonó el teléfono sin parar y llegaron muchas visitas porque Tuto esta de regreso del hospital, algunos vecinos vinieron y también los tíos.

Tuvimos un buen día ayer, la zozobra ya no existe. Diana se me recuesta y me pide muchos abrazos, hay unos ciclos en la relación que a uno le toca ser muy paciente. Diana empezó el día limpiando la casa y yo me dedique a escribír. Salimos a las doce para el banco a retirar 200 dólares y fuimos a una tienda llamada "Flamingo" a ver si habían más muñecas japonesas y algunas cosas que sirven para colar en la pared. Compré dos para llevar a Costa Rica, una muñeca pequeña y un colgador para pared para una señora de una japonesa. En Costa Rica toda la decoración es oriental. Tenemos muchas cosas de las tiendas de importación china, he tratado de que todo sea del tema oriental pues la casa de Nueva York tiene muchos cacharros de todas partes del mundo.

El día no hicimos nada especial, todo fue caminatas y una brillante manera de gastar nuestro último día acá en Medellín. Me gusta salir a mirar, fuimos a un centro comercial de la ciudad que consta de pequeñas tiendas seguidas de otras, lo que más venden es ropa de mujer. Hay muy pocas artesanías que es lo que a mi me gusta, yo puedo comprar un 99% de todos estos artículos en Nueva York. Busco arte y cerámicas que muestren el pasado real de como la gente usaba sus manos para hacer objetos con mucho amor, no me imagino de dónde viene tanta mercancía y lo más importante a dónde van a dar todos estos artículos ¿terminaran en un cuarto oscuro? No hay forma que todos estos artículos los vendan ¿Cuánto contribuyen los negocios al problema de la erosión mundial? Sin mencionar ¿cuánta comida es enviada a la basura cada día?.

No he mantenido la cuenta exacta de lo que me he gastado, pero tenemos un presupuesto de cuatro mil dólares, espero poder guardar la mitad de este dinero para la construcción de un cuarto cuando volvamos al apartamento en Nueva York, ni siquiera me imaginó gastándonos la mitad de este dinero, creo que nos hemos gastado como dos mil y un poco más, pero parte de eso era para la casa en Costa Rica, tenía apartado mil trescientos para las reparaciones de la casa y me gasté como novecientos, en lo que más gasté fue en las ventanas. Haré un análisis de costos cuando llegue y pueda ver todas las transacciones del banco y las tarjetas de crédito, yo uso el Internet para ver las cuentas de banco, lo que más costo fueron los pasajes de avión y esos se pagaron hace mucho.

Espero comprar más artesanías en Ecuador, las artesanías aquí no son las que yo esperaba, lo mismo paso en Costa, aunque alcancé a comprar unos chalecos y unas cinchos guatemaltecos. Las tiendas en Jaco tienen muchas artesanías, porque los turistas compran muchas cosas de estas y por eso los precios son muy elevados. Estoy buscando por una bandeja de madera pero no es fácil de encontrarla. Ví una desde el bus cuando íbamos para la Ceja, pero no pude parar el bus.

Estoy muy contento de irme, me siento un poco extraño después de estar acá en la casa de sus padres, creo que hay muchos lugares interesantes para ver en Colombia, la vida en cualquier ciudad se vuelve predecible, la vida con otros, pero sin estar en tu propia casa no es amena por la poca privacidad que hay. Los dos días que Morelia estuvo en el hospital con Tuto me dio un tiempo para empacar y prepararme para el viaje que se avecina. Anoche me acosté temprano, puse el iPod y vole con mis pensamientos, fue muy agradable, Diana estaba limpiando la casa con la mamá. Hay demasiado tráfico a pesar que vivimos en un quinto piso, el viento sopla mucho por lo alto que estamos, no hay la misma quietud de Long Island, Nueva York donde nuestro patio es un santuario para los pájaros. De vez en cuando extraño mi casa, pero se que regresare. Diana me dijo ayer que quería ir a casa, la presión de estar con su familia es más grande de lo que ella esperaba. Hubo un momento que se puso a llorar porque no le pudo ayudar a su padre con la cuenta del hospital ¿ qué puedo hacer es mi papá? Yo no he sentido que mis padres sean mi responsabilidad. Desde que me fui de mi casa por tanta violencia familiar y por el alcohol, veo mi actitud como la única forma de mantener mis emociones y mi dinero para mi primero. Quien sabe, somos atraídos por lo que necesitamos.

CAPITULO 12: ECUADOR

Me fascinó el Ecuador , como no traje el computador estoy tomando notas acá y allá en un cuaderno, el único plan que tenemos es conocer a Quito, originalmente, íbamos a ir al sur a ver volcanes y los termales, hicimos planes para visitar una amiga de Diana del trabajo de la escuela, no pudimos hablar por teléfono con ella pero hablamos con la madre y hermana y cuando las fechas cambiaron nos toco hacer otros planes,

Cuando aterrizamos tomamos un taxi del aeropuerto para el hotel pero cuando llegamos éste estaba en muy malas condiciones, la pieza costaba quince dólares la noche, un poco caro por eso manejamos un poco más para ver otros hoteles también muy caros pero a pesar del precio todos estaban llenos entonces escogimos el cuarto hotel que fue como encontrar una mina de oro, llegamos muy tarde en la noche, el cuarto era grande con tres camas pero muy bullicioso, estaba en el segundo piso y daba a la calle donde habían borrachos peleando hasta altas horas de la noche.

Al otro día preguntamos por un cuarto lejos de la calle, por treinta dólares la noche nos pasamos a una suite enfrente del sauna, olía a hojas de eucalipto frescas, había un jaccuzi y un baño turco, nos dijeron que lo podíamos usar cuando quisiéramos entonces tomamos ventaja de esto e íbamos tarde en la noche para unas visitas terapéuticas, a pesar de que el cuarto no tenía ventanas, estaba en el quinto piso y parecía un palacio, el hotel era todo de ladrillo con grandes arcos, era muy calmado y esa noche dormimos en paz, la puerta no cerraba bien pero nos sentíamos seguros; en la mañana desayunamos adentro en un patio con plantas colgando de los balcones de los hoteles, había una fuente de agua en medio del patio y habían unas cuantas tiendas alrededor del patio, los visitantes eran de todas partes del mundo, el cuarto estaba a nuestra disposición por tres días antes que mucha gente llegará el fin de semana para las celebraciones de la independencia, decidimos disfrutar de nuestra buena fortuna y no preocuparnos de nuestra ida el fin de semana, el encargado del hotel era joven muy bien hablado y el que trabajaba de noche había visitado los Estados Unidos pues tenía familia en Connecticut.

Cuando pienso en Quito una sola cosa viene a mi mente iglesias, no ordinarias pero las mejores estructuras arquitectónicas que he visto, estos edificios con diseños y ornamentos bien detallados especialmente en los altares son tan bonitos como las iglesias de Roma de influencia mora y española, muchas de las iglesias estaban en renovación, pero la mayoría estaban muy bien preservadas, quedé bien impresionado, yo he estado en Europa muchas veces y he visto muchas iglesias alrededor del mundo pero Quito debería de considerarse la capital de las iglesias católicas.

El Monasterio de San Francisco es una de las iglesias que se deben de ver, la mantienen con un guardia todo el tiempo por la cantidad de oro visible en cada área de su superficie, hay dos colores en ésta iglesia, gris afuera y oro adentro, no puedo empezar a describir los ornamentos tan elaborados diseños que tejen en espiral que alzan los ojos a la cúpula, hojas de oro cubren los patrones intrincados tallados y donde la hoja de oro termina el oro solidó empieza, es muy difícil de establecer, yo estaba filmando cuando una voz en español me dijo que no estaba permitido hacerlo, cuando salimos de la iglesia, nos pararon unas autoridades y nos preguntaron por los boletos de entrada, no los teníamos porque no sabíamos que teníamos que pagar, nos devolvieron y tuvimos que pagar una pequeña cantidad, me indigna que tenga que pagar para visitar a Dios, a pesar de esto y como era un visitante nuevo en este país salí tranquilamente.

La plaza de la Independencia estaba más abajo, para ir allá tuvimos que pasar otra iglesia, la cual creí que sería vieja y menos bella, sí era vieja pero supremamente bella trague mi respiración y a pesar de las renovaciones los feligreses eran constantes, vimos como diez iglesias lo mismo de bellas todas en un día, estaba alelado de ver tantas casas de Dios tan exquisitas ¿Por qué en Ecuador y por qué yo nunca he oído sobre ésta increíble y maravillosa arquitectura? otra vez, uno sólo puede asistir a la universidad de la vida mientras se viaja.

Nos quedamos por tres días en el viejo Quito y estaba pensando si ver el campanario de una iglesia o un museo, tomé muchas fotos pues lo que quería fotografiar no tiene guión, dependíamos de la luz y era igualmente espontánea, entonces empezamos en áreas locales comerciales, caminábamos en barrios tranquilos hasta que llegábamos a lugares muy bulliciosos de nuevo con comercio, no teníamos ningún plan y me gustaba de esa manera, yo tenía una guía "El Planeta Solitario" el que usamos al principio pero muy rápidamente vimos todas las atracciones porque el viejo pueblo es pequeño de unos pocos metros cuadrados, hicimos unas cuantas compras y nos fuimos para Otavalo un pequeño pueblo a un par de horas en bus donde encontramos artesanías indígenas bellamente elaboradas, hicimos muy buenas compras, sabía que tenía que preguntar el precio antes de comprar y gastar mucho dinero en las típicas tiendas de turistas (trampas) a no ser que el artículo fuera muy raro, siempre esperaba antes de comprar

Mi segunda impresión del Ecuador fueron los indígenas, son

personas que se notan muy fácil por sus vestidos tradicionales; los hombres usan pantalones y camisas blancas y uno zapatos blancos como unas sandalias (alpargates) siempre llevan un poncho atravesado en sus hombros y usan sombrero, las mujeres son mas coloridas, usan camisas blancas bordadas con bellas flores y muchas cintas alrededor del cuello y las mangas, las faldas son negras y hechas de un paño grueso, alrededor del cuello usan muchas cadenitas de pequeñas chaquiras de oro y en sus cabezas usan unas mantas dobladas de una manera que les cubre de sus ojos el sol, si usted no sabe, creería que son sombreros después que el sol pasa por las montañas, estas mantas les sirve para cubrirse del frío; los bordes de las calles están llenas de hombres y mujeres indios vendiendo muchos objetos, los vendedores pacientemente llaman a sus clientes, ellos venden de todo desde frutas y vegetales hasta ropa, ellos tienen su dignidad silenciosa, a pesar de ser pobres son dignos por sus vestidos y lo bien que llevan sus ropas y su cabello, no salen todos los días por el frió, ellos son orgullosos y bellos.

Otra cosa que me quedo en mi mente del Ecuador fue que cuando regresábamos en bus de nuestra estadía por cinco días en Otavalo, un derrumbe de tierra cubrió parte de la carretera, habían tres hombres con carretillas y palas moviendo la tierra, esto les tomaría como tres días, ésta falta de equipos pone el país a un nivel laboral de la edad de piedra, el hombre en el camión estaba "supervisando" la obra; en todo el mundo se comparte la labor y en los Estados Unidos hubieran tres supervisores por cuatro trabajadores.

En el viaje en bus para Otavalo nos sentamos con un hombre y su nieto, Diana le preguntó por su familia, quería saber donde vivía, él le dijo que era un campesino que iba a ver a su otro hijo a Quito y llevaba a su nieto, a veces no quiero dañar el encuentro con otra cosa que no sea palabras de amistad, mis fotos parecerían inapropiadas y explotadoras en esta ocasiones, cuando algo tan puro viene a tu ruta, no quieres dejar ni una huella, sólo quiero dejar un intercambio luminoso y bello y que sólo se repita en mi memoria, cuando nada tangible se queda ni siquiera una cara para recordar, ésta experiencia tiene la capacidad de regresar en círculos a nuestra sorpresiva memoria, este hombre era maravilloso y muy adorable con su nieto, el tenía cuarenta y cinco años parecía de sesenta, me sorprendí de sus manos marcadas de tanto trabajo y su gran corazón, él era muy inteligente como para competir con cualquiera en el planeta, él no estaba buscando por demonios en otras personas sólo risas y conversión para pasar el tiempo de viaje.

No puedo explicar las conexiones que sentí con estas personas, no fue como manejar por Arizona y ver los pueblos fantasmas de los indígenas, aquí los indígenas viven la cultura que continua por muchas generaciones, ellos fueron invadidos pero no conquistados, su dignidad resplandece a través de sus vestido tradicionales, no son vaqueros en jeans son como indios en ropa de indios, un gran número de indios usando sus ropas tradicionales dan una impresión diferente a la derrotada cultural que solo hasta ahora están ganando su orgullo propio en el suroeste de los Estados Unidos; yo no quiero dar una evaluación correcta de algo que sólo veo desde un punto de vista lejano, pero sinceramente me sentí más interesado y amado por estos extraños que por los de mi propio país, esto puede ser causado por muchos factores, pero a veces pienso sobre las heridas generacionales de la esclavitud y las tribus derrotadas de los Estados Unidos versus la gente a la que nunca le quitaron su dignidad por los gobiernos conquistadores; ésta separación racial invisible está impregnada muy adentro en la psicología de cada niño aún en los niños adinerados blancos de los suburbios; la dignidad produce niños que quieren aprender en contra de los niños que están siendo forzados en aprender, yo pertenezco al último grupo y odiaba lo que los otros me estaban enseñando.

La primera mañana que llegamos a Otavalo nos despertó el sonido de piedras que le estaban tirando a un camión como si fuera una bomba después de otra, no sabíamos que era hasta que me asomé por las cortinas y vi hombres trabajando calle abajo, el trabajo de piedra era una labor intensa y cada ladrillo era puesto con las manos en el rompecabezas de la acera; más tarde caminé calle abajo notamos unos niños pequeños jugando o ayudando a sus padres en unas actividades de juego, los padres llevan a sus hijos a sus sitios de trabajo y se quedan con ellos todo el día mientras los padres se ganan la vida ¿Cuántos abogados se necesitan en los Estados Unidos para dejar que los padres lleven a sus hijos a sus trabajos? Yo veo algo bonito en esto, veo que los niños valoran el trabajo, yo veo padres dejando a sus hijos sostener palas con arena porque es natural dejarlos que ayuden, cuando los niños ven a alguien trabajar ellos participan, la pega que mantiene la familia unida es una aproximación de vida muy común , no podemos devolver el tiempo en los Estados Unidos pero hay algo muy serio que falta en las familias no son una unidad laboral sino una unidad de entretenimiento.

Usamos nuestro primer día para caminar y tomar fotos en el pequeño pueblo, el mercado era el más interesante estaba ubicado en un sector central, el monopolio en un edificio con corredores largos y en la mitad había una sección grande de restaurantes al aire libre donde las butacas de madera eran alineadas a las mesas y donde la gente comía, la comida estaba todo el tiempo al aire; cabezas de cerdo con sus bocas abiertas pero bien cocinadas, algunos toldos con carne cocinada y un delicioso olor a vegetales, ordenamos un vaso con jugo de zanahoria mezclado con cebada, se nos olvido la sanidad al ver tanto beneficioso para la salud, me supongo que mucha gente no podría hablar ante tanta falta de higiene, pero de verdad, por muchos años vivimos en una atmósfera más natural sin químicos que matará a algo y a todo, fui cayendo en la cuenta que la moda de la comida natural en los últimos años fue algo que nunca existió en este lugar al que estoy visitando, lo que creemos es nuevo es en realidad muy antiguo que tiene sentido común yo sé que toda esta comida fue cultivada sin ningún químico, me sentí como si estuviera en el cielo de la comida donde ésta es saludable y natural.

Debido a la comercialización en los Estados Unidos los conceptos viejos se reinventan, se empacan y se promueven como nuevos todo esto es un tipo de ilusión de la cultural falsa, muchas de estas creencia de los sesentas y setentas que eran nuevas para mi generación fueron muy antiguas , estaban siendo introducidas en una atmósfera de lo "nuevo y radical" los principios no tienen tiempo, lo que era "nuevo" era la gente joven y como interpretaron otras culturas; el hipismo fue una forma de ingerir culturalmente las maneras de vivir del tercer mundo, los hippies negaban una vida de alta comercialidad y muy regimentada como compartir tus cosas, el espacio para vivir, los viajes, hacer peregrinaciones, entrar en estados espirituales de la mente y el sembrar su propia comida has sido parte de todas las culturas, este movimiento del regreso a lo básico asusta a la vida en general porque evita el comercialismo, lo que más asusta al capitalismo es la falta de consumidores; mi crecimiento como católico fue muy restringido y estricto por eso fui atraído a las religiones abiertas como el Hinduismo y el Budismo, éstas religiones te invitan a vivir con codicia y avaricia; la cultura del Ecuador me interesa profundamente, mientras unos la llaman "primitivas" yo las llamaría comunidades de hace mucho tiempo, necesito mirar un poco más allá de la superficie excepto en las artesanías hechas a mano, su arte y la dulce vida comunal que vi.

Nos quedamos por dos días en un hotel pequeño cuando le preguntamos al dueño si conocía otro hotel en el campo y un hombre llamando John se ofreció a llevarnos a su casa donde él tenia muchos cuartos para la renta, como ya habíamos visto todo en el pueblo de Otavalo, John nos llevó en su camión a su casa a diez minutos del pueblo, el cuarto era grande con muebles rústicos, cortinas y mantas de material local, la cocina era rara porque el lugar para cocinar no era lo principal de ella, una porción de ésta pieza tenía un telar en el medio, era muy primitivo y una verdadera casa en donde vivía mucha gente y no un hotel, John dijo que habían unos estudiantes viviendo en unos cuartos, le pedí el favor de dejarme usar el baño, es la única forma de saber en donde me estoy metiendo, el baño era un hueco en la tierra en un lugar al aire libre en la parte de atrás de la casa no tenia puertas y estaba en una casita al aire libre; eso era todo lo que necesitaba saber, la regadera era una casita sin techo con un calentador eléctrico visible cerca del área del baño, está era la única forma de conseguir agua caliente en toda la casa, regresé al cuarto principal y mire a Diana ella leyó mi expresión, nos seguían invitando aún cuando dijimos que queríamos tratar otra cosa distinta, lo peor de todo fue que John nos pidió cinco dólares cuando regresamos al hotel, le pagué pero no estaba muy contento con cambio repentino de amigo hospitalario a conveniente hombre de negocio, los cinco dólares nos quitó un dolor de cabeza de encima.

Subimos derecho a nuestro cuarto y empacamos la maletas, las llevamos al pasillo y les preguntamos si estaría bien si las dejáramos allí por un momento mientras organizábamos el viaje, había visto una agencia de viajes unas cuadras más abajo mientras caminábamos por el pueblo, entramos derechito a la agencia y conocimos a una mujer y su esposo que tenían un pequeño bebé en una cuna, ellos fueron muy amables y nos atendieron muy bien, nos explicaron que había un lugar como a diez minutos y que quedaba en el campo y parecía bueno, el precio era el mismo que el de el hotel como veinte y dos dólares la noche, llamamos e hicimos la reservación tomamos la dirección y nos fuimos para el primer hotel, les dijimos que íbamos de regreso a Quito, sólo por ser diplomático después de tanta insistencia para quedarnos en su casa, en la esquina del hotel un empleado de éste nos ayudo con las maletas nos dijo que él nos llevaría a la Terminal de transporte, mire a los ojos al taxista y me puso el dedo en mis labios porque secretamente le dije que nosotros íbamos para otro hotel, el se dio cuenta inmediatamente.

Manejamos unos cuantos minutos y nos dimos cuenta que íbamos en la misma dirección que John nos había llevado antes, el taxista nos llevo hacia la base de la montaña por una carretera destapada y tenia unas carrileras de tren abandonadas a un hotel hermoso que era todo blanco con techo de paja, todo el hotel blanco estaba separados en muchos edificios; un restaurante estaba a un lado de la carrilera y un montón de cuartos para dormir al otro lado de la carretera, las oficinas estaban al mismo nivel de las carretera y bajando unas escalas estaba un patio abierto, unas escaleras más abajo nos llevo a un arroyo con hamacas colgadas de los árboles, era un pequeño santuario con un altar y árboles que daban sombra al área, me gustó instantáneamente.

La dueña era una holandesa casada con un indio de la localidad, ella ha estado allí por veinte y tantos años, al día siguiente ella nos llevo al pueblo mientras intercambiamos historias, ella era una hippie que dejo su país para ver el mundo y encontró el amor en este lugar tan lejano, sus dos hijos (varones) vivían y estudiaban en Holanda, su esposo era un hombre pequeño y muy tranquilo, mientras íbamos al pueblo le hable de el otro dueño del hotel que me cobró por mostrármelo y llevarme en su carro, ella estuvo de acuerdo que fue mal, lo que paso fue que la casa de John queda a unas cuadras de éste hotel, John nunca lo mencionó a pesar de que nosotros le preguntamos si conocía otro hotel en el campo, Diana me mostró la casa cuando estábamos caminando el segundo día, yo no reconocí a nadie, pero era el mismo lugar donde habíamos estado antes, ahora yo quería más este hotel, también supe que en estos pequeños pueblos todo mundo se conoce con todo mundo y John eventualmente se enterará que nosotros nos quedamos en el hotel blanco, me fascina esta clase de comunicación.

Escribo de pura memoria, casi todo se queda en mi mente, el primer día en el hotel del campo caminamos a una cascada cercana, era el fin de semana y habían muchas familias con mucho ambiente festivo, nos quedamos un poco más, acostados en el pasto crecido y regresamos caminando al hotel, yo quería pintar algo por eso salí antes del atardecer, Diana se quedó en el hotel leyendo un libro de los primeros exploradores franceses que vinieron al Ecuador, cruce un pequeño río seco por un pequeño puente y subí por un camino de ladrillo que salía a un patio comunal donde estaba un sauna pequeña, salí del patio a un camino destapado, muy cerca encontré un montón de tierra y coloque mis pinturas muy pronto estaba rodeado de una tropa de pequeños niños del área me preguntaron que estaba haciendo, estaba feliz de tener semejante compañía, es muy fácil y divertido hablar con niños pequeños.

Nos encontramos con los mismos niños y sus familias muchas veces durante nuestra estadía, una noche oímos música entonces fuimos al restaurante del hotel, una banda de jóvenes estaban tocando música tradicional con flautas, tambores, guitarras y bandolines, algunos de los músicos y bailarines eran de la misma familia que había conocido mientras pintaba, creo que eran ocho en total, una mañana Diana y yo fuimos al arroyo pasamos el muro de contención a un camino destapado que nos llevaba más allá de la casa de esta familia, se estaban mudando y muchas cosas estaban empacando, los niños se estaban terminando de bañar y les estaban peinando el pelo, las lagrimas y los lloriqueos no eran diferentes de cualquier niño en el mundo que se resiste a los dolores de peinarles el pelo mojado, tome unas cuantas fotos y me sentí honrado de ser invitado en sus vidas, el padre de la familia me mostró su telar manual y como funcionaba, para hacer una bufanda se demoran tres horas, la madre tenía un telar pequeño enfrente de la casa, pasando la calle destapada había una linda plantación de fresas con gallinas corriendo y comiendo insectos, la plantación era una labor muy dura, todo lo hacían con la mano dudo que le hayan echado algún pesticida.

El piso de tierra en la casa y los niños con los pies descalzos fue una gran diferencia de lo que ya estábamos acostumbrados así como a las narices sucias, la vida parecía muy sana y buena, pero ellos eran muy pobres, el hombre me dijo que le comprará una bufanda pero no quise, el día que nos fuimos le di algún dinero, lo que ellos me estaban vendiendo no me gustaba.

En otra ocasión salí a tomar unas fotos en la tarde, caminé mucho más allá de la base de la montaña, estaba siguiendo los canales del sistema de regadío que venía de la boca de las cascadas que había visitado el primer día, estaba en un lugar donde no muchos turista habían visto; pequeñas fincas estaban a cada lado de los pequeños canales, puentes primitivos de madera cruzaban la irrigación de estas fincas, ví a una mujer que venía hacia el puente y tenía una hoz en su mano, mi primer instinto fue ver si ella venía hacia mi, mire sobre mis hombros, muy pronto me di cuenta que ella iba pasando el muro de contención para el campo, le dije hola y como cosa rara no me dijo nada, era muy extranjero y extraño para ella.

Eventualmente encontré un camino destapado y baje hacia las casas, cuando pase un campo una mujer vieja y su nieto estaban en un campo seco recogiendo frijoles, los indios comparten sus cosechas con los que no tienen mucho, la idea de la propiedad privada sobrepasa las necesidades de la comunidad, algunas de esas casa tenían un fuerte sonido adentro, en una casa me pare cerca de la puerta del patio a oír el ruido, estuve por mucho tiempo cuando un hombre pequeño apareció en la puerta de su patio, le pregunte en mi español malo qué cual era todo ese ruido, él me invitó adentro de su patio y me llevó a un cuarto pequeño, para mi sorpresa dos máquinas grandes estaban ahí como unos monstruos de acero, el ruido que oí eran unos telares eléctricos, él me dio una demostración, los cables que iban a la pared estaban expuestos y todo parecía que se iba a dañar en cualquier minuto, una de las dos máquinas estaba funcionando, la otra estaba apagada, lo mismo que una tercera que estaba afuera debajo de un techo de aluminio que hacia las veces de un cuarto de estar, la máquina no funcionaba, me imaginé que cuando una máquina pequeña no funciona la reemplazan por otra nueva, el cuarto donde estaba la máquina nueva fue añadido a la casa ¿qué podemos hacer con una máquina que no funciona? Dejarla, es como dejar un pequeño tractor que no sirve ahí, no hay forma de salir de semejante albatros te.

Muy pronto más miembros de la familia salieron para ver con quién estaba hablando el viejo, me senté en una caja pequeña y me mostraron unos chales muy bonitos, no quería ninguno pero compré dos, uno negro y uno dorado, me dieron una bufanda pequeña de regalo, el hijo mayor me presentó a su hermana y a su esposa, muchos niños pequeños salieron a ver quién era el viajante, quince personas en total Vivían ahí en la casa, tome muchas fotos y estaba muy contento de estar con ésta gente tan común y natural, estos eventos me hacen sentir humilde, uno de los hijos con su hijo de la mano salió conmigo a la carretera que me llevaría de regreso al hotel.

Al otro día Diana y yo regresamos a ver la misma familia, ésta vez habían muchas más personas presentes, les dijimos que queríamos ver más chales, nos obligaron a comprar diez, los compramos para darlos como regalos a nuestros amigos, Diana le fue muy bien con ellos, como lo hace con todas las personas, luego les enviamos las fotos por el Internet, estaba muy apenado por el poco precio que pagamos por los chales, creo que los pagamos bien, aunque los mismos objetos hubieran costado diez veces más en los Estados Unidos, que tan afortunado me sentí al conocer esta gente, a pesar de haber sido muy corto el tiempo, hoy me siento contento de haber tenido éste encuentro todo por culpa de un gran ruido.

El mercado del sábado era el gran evento para los turistas, fue un suceso, calles y más calles de artículos llenos de mucha imaginación para mi el artículo más natural y realístico era el que más me interesaba, compramos un pequeño pesebre, una camisa sin cuello, unos suéteres y un tapiz anaranjado que le haría juego con el piso de la casa en Costa Rica, Diana por supuesto compró alguna joyas, yo le dije todo el verano que esperará que llegáramos al Ecuador para comprar cosas, los precios eran buenos, tengo unas tácticas mientras compró: una es que tengo que obtener una rebaja del vendedor, si ellos llegan a enojarse los he llevado al límite, esto lo aprendí en Irán y Pakistán cuando era un adolescente, conocimos dos hermanas de Nueva York en un café nos contaron que no sabían como negociar los precios a la hora de hacer compras, les dije que empezaran con la mitad del precio y trabajaran desde ahí, la táctica les funcionó cuando las vi comprando artículos más tarde, ya no estaban tan ansiosas comprando artículos que no tenía una etiqueta de precio

La compra más grande e importante resultó ser toda una pesadilla, queríamos seis telas idénticas para hacer unas cortinas y una colcha, en la mañana encontré una mujer que estuvo de acuerdo en negociar conmigo por esto regresé cuando ya estaban cerrando para negociar mejor el precio, ella se acordó de mi y del precio pactado, el único problema era que no podía darme todas las telas con el mismo largo, tenían muy poca diferencia de largo, debido a esto le dije que volvería al otro día a primera hora, la pobre mujer tenia a su hermano y a toda su familia buscando la tela del tamaño correcto, cuando llegamos en la mañana todavía no habían conseguido las telas correctas, dijimos que volveríamos pero mirando más abajo, había un puesto con una joven y su padre que nos contó que ellos nos darían cinco telas y la sexta con el largo adicional, la joven nos contó como algunas personas en el mercado hacen trampa en el largor de la tela dejándole saber al cliente que es de un metro de largo cuando en realidad no lo es, le creí esperamos casi como una hora cuando la muchacha con cara colorada nos dio un buen precio, a pesar de haber obtenido un muy buen precio le añadí unos dólares extras para agradecerle por su ayuda, les tomamos fotos a los dos comerciantes, estábamos muy contentos con el buen negocio.

Las telas y todas las compras las empacamos en una maleta extra que compramos por treinta dólares, la maleta nueva se daño a los cinco minutos, nunca más vuelvo a comprar maletas baratas que sólo duran lo que dura un viaje, las mejores y más eficientes "maletas" son las bolsas plásticas son cierre, estas son hechas en China, son unas bolsas de cuadros plásticas que cuestan un dólar, no son pesadas y traen agarraderas, yo refuerzo las bolsas yo pongo una o dos dentro de otra, y luego la envuelvo con cinta transparente, si yo no uso las bolsas siempre las cargo conmigo metidas en el frente de las maletas por una emergencia para cargar objetos, traigo plástico con burbujas y con mucho cuidado empaco objetos que se puedan quebrar y los pongo en el centro mientras a los lados pongo ropa y chaquetas nuevas , trabaja muy bien.

Gastamos mucho tiempo cosiendo y planeando las cortinas para el cuarto nuevo que construimos, empezamos antes de salir y terminamos el cuarto con un mes de anticipación en octubre, habíamos comprador una máquina de coser un año antes y era hora de ponerla a funcionar, lo primero que cosimos fue cuando hicimos las cortinas, los cojines y la colcha para la cama; la tela es amarilla con líneas que atraviesan en oro y crema, dentro del diseño hay figures de pequeños indios, el color de las paredes y el decorado del cuarto fue esencialmente basado en los colores de la tela, el corte de la tela no es la más perfecto pero la energía que gastamos juntando y creando las cortinas y la colcha fueron muy preciosos, estamos muy orgullosos de lo que creamos juntos, gaste mi tiempo después del trabajo para construir el cuarto, hice el muro y la canaleta antes de salir de viaje, había años de desorden y muchas cosas que guardaban como mi moto, las cosas llegaron a un punto que yo estaba obsesionado y enfermo del trabajo, pero todos los frutos de mi trabajo han sido muy gratificante, de todas formas ya colocamos las cortinas, cosí las últimas fundas de almohada una mañana a las cinco al amanecer, es un cuarto muy dorado y alegre.

Bueno, después de adelantarme en mi historia y contarles que paso con las cortinas que compramos en Ecuador, termino por narrar mis ultimas aventuras en este maravilloso país, Un día contratamos un taxi de el acopio de taxis para dar un paseo de medio día, el taxista muy amable y buen tipo, nos dio su nombre y su número preguntando si necesitábamos que los llevará a Quito, mejor tomamos el bus que nos costó dos dólares, el viaje en bus fue lleno de sorpresas como el de hombre sentado al lado de Diana que vomitó en una bolsa de plástico, las curvas de la carretera eran mucho para él también vimos una película mexicana muy buena de Vicente Fernández de los año sesenta.

Y regresando al día de el paseo que hicimos Diana y yo en taxi antes de regresar a Quito yo tuve tiempo de hacer una rápida pintura cuando el conductor del taxi nos llevaba a la cima de un volcán, en el cráter había un gran lago con una isla en la mitad, la única indicación de su tamaño y lo que nos mostró la inmensidad de el lago eran los botes pequeños, estábamos a mucha altura y hacia frío, podíamos ver en la distancia el pueblo de Otavalo, era un lugar alpino en un lugar que no tenía ninguna característica alpina, el aire estaba fresco y olía a moras maravillosas en las que estaban recostada a mis rodillas mientras pintaba, Diana y el taxista hablaban mientras yo pintaba y algunos paseantes se paraban a ver lo que estaba pintando, descendimos al valle y el conductor nos mostró la finca donde él había crecido, él le contó a Diana que estaba trabajando de taxista para sostener su familia, lo filmé y me pregunté ¿cómo en esta tierra hay tanta gente que trabaja duro para poder sobrevivir.?

Manejamos a otro pueblo que era especialista en artículos de cuero, yo no estaba interesado en ningún producto vacuno, Diana estaba un poco triste porque yo me quería ir pero nosotros ya habíamos comprado una chaqueta para ella, yo estaba mas interesado en la plaza y en los bellos árboles rosados que estaban floreciendo que en otra tienda llena de turistas, las tiendas de la calle dañaban mis compras en las verdaderas tiendas, a lo último de nuestros nueve días y hasta las tiendas en las calles me tenían cansado, para mi es parcialmente un gaste emocional tanto grito de los vendedores ambulantes, cuando compramos en tiendas es muy impersonal, las calles son diferentes, sólo una vez un vendedora fue grosera con nosotros, yo estaba buscando por un tamaño y color especifico de una tapiz, esta mujer sacaba muchas tapices y luego iba corriendo donde sus vecinos para traer lo que ella creía que nosotros queríamos, pero el color y el tamaño no era lo que nosotros buscábamos, mientras nos alejábamos caminando yo sabía que ella nos estaba insultando, yo tenía un objeto en mente, lo encontré al otro día, los indígenas son personas generalmente de naturaleza dulce y muy humildes, pero ésta mujer estaba teniendo muy mal día y saco su ira a relucir, es obvio que con un gringo ganan más dinero de lo que ellos puedan vender entre su gente.

Salimos la última mañana, no tuvimos la misma confusión de preguntar donde se tomaba el bus, el taxista sabia cual era el bus directo, el bus no entraba al Terminal, él nos explicó que el bus pasaba por la autopista la misma en la que estábamos, pasados unos minutos paso el bus que necesitábamos, pensé que lo habíamos perdido, pero el taxista salió detrás de el lo llego a alcanzar y le dijo al conductor que dos personas más querían subir al bus, el bus paró y sin hablar una palabra compramos las dos sillas restantes, pero no quedamos juntos, teníamos a un muchacho joven enfermo y vomitando entre nosotros, fue de verdad, Vicente Fernández mantuvo a todos en el bus con los ojos pegados a la pantalla por las siguientes dos horas. La estrella/cantante de la película hacia el papel de un apostador que amaba a la mujer de su enemigo, no necesitas hablar español para entender la película, el melodrama visual de la película y el lenguaje del cuerpo fue suficiente para saber el drama.

Cuando llegamos a Quito tomamos un taxi a un hotel que encontramos en el libro " el planeta solitario " no estábamos en el pueblo viejo, pero un sitio más moderno, nos sentamos en el cuarto por un rato luego salimos a comer y a comprar pastillas para planificar, eran a mitad del precio de los Estados Unidos por eso compramos las necesarias para todo un año, el restaurante era de comida rápida de mar, era un gran paso arriba del típico restaurante de comida rápida de los Estados Unidos, ordenamos camarones con arroz, después de eso salimos a caminar cruzando un boulevard muy congestionado a un parque grande donde habían más artesanías para la venta, yo no quería ver más artículos y nos fuimos para una lomita y nos tendimos en ella a relajarnos, novios y pordioseros se sentaron en el parque.

A la siguiente mañana nos fuimos temprano al aeropuerto para ser los segundos en la fila , no nos sirvió de nada porque nos dijeron que no teníamos reservaciones y nos toco estar por una hora con otra asistente de la aerolínea mostrando nuestros recibos y por ende las reservaciones, Avianca es la peor aerolínea de Sur América, los trámites burocráticos y la falta de organización son obvias, su actitud es como una organización autoritaria al estilo militar donde estás expuesto a muchas preguntas y te tratan como a un sospechoso, cuando Diana llego a los Estados Unidos le robaron muchas de sus cosas, las "confiscaron" porque las maletas eran muy pesadas, son unos peleones, nos montamos en nuestro avión pero no fue muy fácil, cada vez que salimos de Colombia nos requisan mucho las maletas que es por cierto una violación a nuestra privacidad, siento lo mismo cuando me requisan en las filas en los aeropuertos, perder mis derechos en el nombre de la seguridad nacional es el signo de falla del gobierno, yo no debería pagar por ningún inconveniente, mucho se ha justificado en el nombre del 9/11 que el público se ha vuelto como un cordero, el peor peligro a la libertad viene de adentro de nuestro gobierno.

Llegamos de regreso a Medellín después de una corta parada en Bogotá y más problemas de seguridad sin sentido, caminamos y caminamos alrededor cuando hubiéramos caminado directamente de el avión al cuarto de espera, llegamos a casa donde el padre y la madre de Diana nos movían sus manos para saludarnos, notamos que no nos requisaron las maletas cuando llegamos a Bogotá ni en Medellín, las tomamos del carrusel y salimos del aeropuerto, fue muy bueno ver los padres de Diana todos estábamos muy contentos he hicimos la parada típica del café al lado de la carretera de donde se veía la ciudad, de verdad soy un hombre muy afortunado de tener una esposa y familia maravillosa.

CAPITULO 13: NOTAS DE COLOMBIA SEGUNDA PARTE

Han pasado tres semanas desde la última vez que escribí, no es por falta de inspiración, he estado muy ocupado en el viaje al Ecuador y usando mi tiempo, mucho de mi tiempo con Diana y su familia. Estuvimos en unos quince, un funeral y un entierro todo al mismo tiempo uno tras otro, el tío político de una hermana de Diana murió, la sobrina de una cuñada le celebraron los quince, yo he ido a todos estos eventos con su familia y hago todas las actividades diarias desde que llegamos del Ecuador, un día
estuvimos un rato con un sobrino y otro día estuvimos con la
sobrina, fue para sus cumpleaños; los llevamos ha almorzar y luego a ver una película animada en un centro comercial
No sé como empezar he tratado de mantener el orden de los

eventos con mi libreta de notas pero los días se pierden con los problemas y alegrías del matrimonio y los problemas y alegrías de los viajes, yo paso al extremo de querer estar solo a estar profundamente enamorado, su familia me desgasta mucho en términos de energía que me quita cuando estoy con ellos, llega un momento que quiero estar solo lejos de todos y estar en una playa.

El problema mayor fue cuando Diana se tatúo una raya en los ojos y las cejas, es la costumbre que las mujeres vayan a un salón de belleza especial para que le tatúen una raya permanente en el parpado del ojo a lo que le siguen unos días de dolor y tortura sin mencionar la probabilidad de una infección, yo siempre he sido muy abierto a todo esto, pero lo encuentro algo estúpido, cuando entre en el cuarto y ví a Diana quede estupefacto de su aspecto, yo no soy , no he sido muy amante de las mujeres que usan mucho maquillaje además Diana lucia como una mezcla entre Sophia Loren y Cleopatra (la versión de Elizabeth Taylor) los moretones hizo que sus ojos parecieran que alguien la hubiera cogido a golpes, me dio dolor de estomago, ahí mi esposa me dice " mira que linda me veo" sentí que ella estaba siendo masoquista usando su belleza como arma.

Yo estaba con Piedad su tía mientras Diana estaba en el salón, caminamos mucho para llegar a la casa de la mamá y la hermana de Piedad para pasar las tres horas, un par de días después hice un mal comentario en referirme a que las prostitutas se pintan la cara de esa manera, me aseguraron que éste desagradable estado pasaría y que una belleza resurgiría después de que las heridas sanaran, todavía me preguntó porque esto es tan importante para ellas, el resultado sería no tener que ponerse ningún maquillaje en la mañana, pero los moretones y los sufrimientos son horribles,¿soy muy insensible?

Un día nos fuimos para Guarne como a las tres en el pequeño blanco Fiat de Tuto después de cinco minutos , supe que había problemas, el carro se apagaba cuando lo paraban por eso Tuto le hundia el acelerador lo cual hacía un ruido como "boom,boom" de tanto acelerar, había mucha congestión de tráfico en las calles de la ciudad, nosotros casi nos quedamos varados cuando nos tocaba parar y seguir, Tuto maniobraba el freno de mano, el freno del pie, el acelerador, y el cluch todas serie no muy diferentes que las de el Mago de Oz cuando lo descubrieron detrás de las cortinas "no le ponga atención a este ruidoso carro yo soy el gran Oz". Un día en la misma autopista vimos un camión perder su rueda de adelante, el carro se chocó de frente contra el concreto creando algunas chispas, la rueda salió brincando una serie de muros de contención, paso carros y gente jugando en el parque, nadie resulto herido, fue como estar viendo una película sólo que todo mundo se escapó de una tragedia (nada como una producción de Hollywood) estaba verdaderamente preparado para escribir un capítulo nuevo sobre todos los accidentes en esta autopista, minutos más tarde una mujer en una moto se paró al lado de nosotros y se recostó contra nosotros rayando el carro, creo que ella se le daño el espejo, pero ella se fue antes de que pudiéramos decirle si la moto o el carro se habían dañado.

Todo el tiempo que estuvimos manejando o mejor parados en el tráfico, el carro se varaba, Tuto trataría de volverlo a prender el carro con la llave o con el cluch para arrancar de nuevo, cada que el carro se apagaba el ruido del motor causaba que los carros vecinos nos miraran para colmo de males Tuto no se queda en una sola línea, le gusta pasarse de líneas, nunca se avanzaba rápido, pero tenía la sensación de que se estaba moviendo a algún lado, lo peor de toda ésta experiencia fue la contaminación, los buses y los camiones no siguen las reglas regulares de la calidad del aire, yo iba sentado en el frente del carro ahogándome casi de muerte con el humo de los buses, yo empezaba a tener los primeros síntomas de una gripa y estoy seguro que esto sello cualquier signo de recuperación rápida, nos demoramos como cuarenta y cinco minutos para poder salir de todo éste tráfico y empezar a salir de la ciudad y subir por las carreteras a Guarne y al aeropuerto, Tuto me aseguró que el carro estaría bien tan pronto salga de el tráfico de la ciudad.

Este carro ha sido el tema de discusión de toda la familia, todos menos Tuto lo quieren muerto y enterrado, él adora su elefante blanco como un adolescente con su primer carro, él ha arreglado cualquier golpe posible desde la guantera hasta las laminas laterales que las sostienen unos grapas, el carro es una maravilla y ha sobrevivido muchos daños, alguna sugerencia de comprar un carro nuevo o de uno usado termina con un enojo o mala actitud, él ama su carro.

    Yo sé lo que pasa en estas circunstancias por mi propia historia con carros, es una clase de baile enfermo de reparaciones y oportunidades, después de un tiempo el carro es más importante que la vida misma, muchas reparaciones han extendido su vida de manejo que todos los gastos ya no son ningún problema, déle al maldito carro vida eterna, déjelo que siga aunque arruine todo en la vida de uno, yo he tenido cuatro o cinco carros como esos cuando mi situación económica no era la mejor; por supuesto el hecho que causa acción tiene su reacción está basada en un "pensamiento erróneo" es como la fé y la religión, se cree sin ver, creer es poder embolatar la mente para que crea lo que uno quiera, no importa que obstáculos, el motor lloroso se vuelve un bebé en el bautizo, deja que el niño llore porque el alma está salvada, el ruido de los motores dañan las válvulas, el cluch se esta dañando y se tiene que reemplazar, no hay frenos por eso hay que cambiarlos, el carburador está funcionando mal porque el motor esta siempre recalentado y siempre iniciado, hay vida después de la vida, es solo ese momento tan absurdo antes de la salvación eterna lo que se atraviesa, ¡maldita sea! Dale mas pedal, acelera.

    Llegamos a casa a tiempo de ir a la misa de la quinceañera, la iglesia tiene por lo menos doscientos años con paredes blancas donde superficies desiguales rodaban con guirnaldas negras oscuras con una viga expuesta para el soporte, al pie del altar habían tres sillas cubiertas con tela verde clara y flores que eran reservadas para los padres y la chica, estas sillas eran para Paola, Carlos y Luz, los tres se sentaron con su hija en el medio, ellos son familia de Diana por su cuñada, la misa solemne acabo con aplausos mientras la joven salía de la iglesia luego salimos en fila para el edificio de al lado de la iglesia donde iba a ser la fiesta, mientras hacíamos la línea, una vaca detrás de una cerca saco su cabeza por entre los alambres y olía a la gente, a nadie le importo lo de la vaca algo tan común, esperamos en el frío hasta entrar y firmar el libro de los invitados, antes de firmar nos dieron un cóctel verde claro con un poco de alcohol, ¡ah! el primero de muchos de casi todos invitados.

    Después de esperar un rato empezó la fiesta cuando la joven es llevada al salón escoltada por seis soldados con botas altas blancas que parecían muñecos, ella tenía un vestido de color verde acido, cada paso estaba muy bien coreografiado; un paso adentro, tres vueltas, un paso complete, el director de estos eventos es por lo general homosexual, se pregunta ¿por qué? porque ellos saben bailar y nunca molestaran a la chica por sexo, me gustaría decir "novia" porque parece como una boda, ¡esta bien usted sabe! Las botas, los sombreros grandes, había un corredor de hombres con espadas que creaban un pasillo para que la joven virgen reina pasará por debajo; todo es simbólico, el paso de niña a mujer Pompa y circunstancia un poco de " Lago del Cisne" de Tchaikovsky, un poco de picante con música latina y en la noche explotó en fiesta mientras los globos estallaban con confeti cayéndole a los bailarines, luego llego la banda de jóvenes que entraron cantando al salón "Happy Birthday" en inglés o lo que ellos creyeron era inglés, el grupo musical tenían un tambor grande de cuero de vaca un par de bongos y un gran cuerno y mucho entusiasmo, ellos cantaron y tocaron con muchas canciones tradicionales, Diana me contó que era música tradicional de la costa, cominos y bebimos unos cuantos tragos, yo estaba tomando ron vivo para calmar la gripa de mis pulmones, el ron nos dio ganas de bailar; había ron, coca-cola algo como licor claro (aguardiente) que olía a gasolina, tomé sólo ron, yo sé que si me quedo por mucho tiempo en estos eventos, me puedo emborrachar, por eso le dije a Diana que nos fuéramos antes de que la gente se emborrachara.

    El hermano de Diana, Francisco vivía como a una cuadra o mejor detrás de la misma cuadra donde era la fiesta pues se podía oír la música a todo dar mientras nos dormíamos en un sofá cama pero era como una cama de espuma, en toda la mitad de la cama donde yo me acosté estaba una barra de refuerzo, me acuerdo de

esta cama antes, está en un cuarto que incluye la cocina y un patiécito, no me dormí por horas, al mismo tiempo Fabio llegó a casa y le contó a Diana que el tío se había muerto, teníamos planes a la mañana siguiente de ir a ver otros pequeños pueblos, iríamos la funeral al otro día y luego nos iríamos a la finca, el plan para ver los pequeños pueblos fue cancelado, teníamos que ir al funeral.
A la mañana siguiente Tuto y yo éramos los únicos despiertos entonces él me dijo que fuéramos a comer un buñuelo, esto es una dona redonda sin el hueco y muy común en Colombia, eran como las seis en la mañana, las calles estaban solas hasta que llegamos a la plaza, en la puerta del pequeño parque estaban parados algunos borrachos, por lo menos nueve hombres recostados los unos con los otros, no nos vieron, estaban ocupados en su estado de embriaguez, Tuto y yo entramos en un restaurante pequeño y me tomé un café muy raro, nunca termine de tomármelo, hubo un momento en que tres borrachos entraron tambaleándose en el restaurante, la gente se dio cuenta pero les pareció un evento muy común un domingo en la mañana, un hombre estaba tan borracho que no podía ni parársele ayudaban dos más que tampoco podían pararse, tal vez cinco minutos pasaron cuando el que estaba bien borracho trato de salir corriendo del restaurante con los otros dos siguiéndolos y tambaleándose, la gente se paraba a velos y a seguir tomando su café.

Tuto me llevó al nuevo centro comercial eran muchas cuadras en vía opuesta a la casa, él me describía lo que yo creía era un centro comercial, parecía un centro comercial más o menos, era un edificio de dos pisos, en frente del edificio todavía habían silletas de la feria de las flores, el gran festival de flores que nosotros nos perdimos porque estábamos en Ecuador, me dio pena habérmelo perdido, la próxima vez preguntó bien las fechas antes de hacer las reservaciones de avión ;pero sí vi. las silletas muy bellas de todas formas, habían silletas comerciales con el logo de las compañías y habían silletas personales hechas por individuos, cada silleta era juzgada para ser premiada.

La tradición viene de la historia de los españoles que eran cargados en las espaldas de los colombianos originales; los españoles empleaban o mejor dicho esclavizaban los sirvientes, para ser más exactos, y cargarlos a través de las tierras; una especie de taxi si lo prefiere, en las espaldas de los pobres se cargaba al rico en una silla, de allí la palabra silleteros, la pequeña silla se convirtió en silleta para colocar las flores de hoy, entonces, el desfile son miles de personas cargando esos arreglos florales en sus espaldas por las calles, es como el Desfile de las Rosas en Los Angeles en el día de año nuevo, los arreglos son de flores naturales u orgánicas, algunas son redondas otras son cuadradas pero en tamaño son suficientemente grande para ser cargadas en la espalda, me toco ver algo en mi ausencia, las flores estaban un poco marchitas pero los colores y el estilo fueron magníficos para mis ojos.

    Cuando entramos en el centro comercial la primera tienda que vi fue una carnicería al aire libre pedazos grande de carne fresca estaban colgando de unos ganchos, me reí de mi percepción americana, el centro comercial era una plaza de mercado con estantes de frutas,, vegetales y carnicerías y eso era todo había una tienda de chécheres en donde Tuto compro una peineta, el hombre trato de venderme algo pero no quise, tomé unas fotos y salí de el segundo piso por una larga rampa inclinada que abarcaba todo el pasillo que servía para subir la mercancía al segundo piso. Cuando regresamos a casa todos estaban levantados, bañándose y se sentía el olor a comida desde la puerta después del desayuno fuimos a la funeraria, el hombre que se murió era el tío de Aura que era la cuñada de Diana; la funeraria era un cuarto largo y delgado con filas de sillas en las paredes, la mamá de Aura estaba sentada con dos mujeres que rezaban el rosario y lloraban, el ataúd estaba a unos cuantos pasos de ahí, me paré a ver el muerto al que nunca había visto antes, rece una oración y me fui y me senté con los otros mientras ellos rezaban el rosario en español; más tarde el resto de la familia llego en carro con flores de la fiesta de la quinceañera de la noche anterior, ayude a entrar las flores de la calle, puse unas flores encima del ataúd y esto hizo que la tapa se cayera e hiciera un gran ruido, algo como de película.

    Mientras estábamos sentados ahí vi a mucha gente entrar a la sala ir a el ataúd y ver al difunto rezarle y salir sin decirle nada a la familia, le pregunte a Diana sobre esto, es una costumbre venir y rezar por el difunto y no decir nada a la familia ;ellos sería considerado de mala educación en Norte América pero acá es muy común, ir a una casa funeraria de alguien que no conoces se considera muy extraño, pero acá algunos de los visitantes eran campesinos descalzos de el campo, un montón de personas llegaron, rezaron y salieron unos minutos después.

El resto del día caminamos por el pequeño pueblo, almorzamos y trate de tomar una siesta pero no pude, oí música en el iPod en el cuarto de los niños, sólo quería estar solo, no puedo quedarme con una persona por mucho tiempo necesito ir a un lugar donde me pueda sentar o recostarme y estar solo; volví a donde estaban las silletas de flores con Diana en la plaza de mercado después de ir a la funeraria por un rato donde todavía habían muchos en fila para entrar, la misa fue a las cuatro, yo no quería quedarme en la funeraria, fuimos a dar una caminata a solas con Diana que no habíamos hecho en mucho tiempo.

En la misa del difunto muchos miembros de la familia estaban sentados unos al lado de los otros o esparcidos por todas partes solo los parientes cercanos se sentaron en la tercera fila, los que entraron el ataúd era el personal de la casa funeraria; seis hombres llevaron el cuerpo hasta el altar y tres mujeres cargaban flores, todos iban vestidos con chaqueta café y pantalón oscuro, la misa fue larga, casi me ahogo y otras personas también con todo el incienso que usaron durante la misa mientras el cura caminaba por el pasillo hacia el púlpito tenía la cabeza grande por culpa de la gripa y todo este humo me dio dolor de cabeza, cuando terminó la misa la gente se reunió en la puerta de la iglesia mientras se decía la última oración ante el difunto, nos paramos con la familia, había algo que no pude entender; la iglesia estaba llena de gente que no conocía el difunto, la misa del funeral ocurrió en una misa regular y el montón de feligreses hizo la misa muy impersonal y confusa, no supe que paso en el cementerio o si alguien fue al cementerio, el hombre se murió de gangrena, la parte inferior de su pierna fue removida pero murió tres días después de la operación en el hospital por culpa de una infección; nos fuimos después de decir adiós a la familia del difunto que se paro en un grupo enfrente de la iglesia, la gente pasaba sin mirar los deudos o al ataúd; regresamos a la casa por una calle pequeña, nos montamos en un carro para ir a la finca; los tíos de Diana, el sobrino y nosotros dos y el hermano de la cuñada (Albeiro) todos nos subimos en un jeep rojo.

Segunda nota: el día que salimos para acá (San Pedro) nos despertamos en la mañana en la casa de Albeiro, dejamos el funeral del tío a las cuatro en Guarne el día anterior, nos tocaba pasar otra vez por Medellín por una autopista principal que nos llevaría al norte a lo largo del río en la base del lado opuesto a la montaña, me sorprendí al ver muchas cometas siendo elevadas mientras subíamos o bajábamos la loma las podíamos ver enfrente de nuestros ojos o encima de nuestro jeep, en un solo parque habían miles de cometas, me imaginé que era el festival de la cometa.

Me acuerdo de mi visita a Bali, fue maravilloso ver el cielo con puntos de cometas de colores en muchas formas, para mi esto representa mucha libertad, desde que yo me acuerdo y hasta el día de hoy tengo algunas en mi carro, parar y elevar una cometa es un buen ejercicio para tu auto-estima, la cometa sabe cuando la persona que la eleva está despierta o cuando no está prestando atención, acostarse en su espalda y mirar al cielo es una pausa en el día que alimenta tu alma. Una vez cuando era joven en sur de California hice un experimento: deje asegurada la cometa a un árbol al atardecer, tonto yo me imagine que estaría allí al otro día, volando esperándome para saludarme pero no el viento no estaba en la noche y mi cometa estaba a muchas cuadras de lejos en el inmenso patio de la escuela con unas grandes cintas blancas de esperanza, aprendí a conocer el viento mejor, hace poco quede sorprendido cuando a Diana y a mi nos dijeron que no voláramos la cometa en la playa cerca de nuestra casa, cuando les pregunte si me podía ir a un sitio sin personas (lo cual era el caso) me dijeron no, la cometa podía golpear algo en la playa o en el agua, fue un día triste pues se gasto mucho energía para evitar tan agradable placer, eventualmente ésta es una de las razones que quiero salir de los Estados Unidos; la locura de sobre la legislación donde se puede usar el sentido común es algo que me enoja.

Mientras manejábamos hacia la finca, la autopista del río que atraviesa a Medellín se suben por las altas montañas, los buses y las motos van a toda velocidad como si no hubiera línea del medio, ellos manejaban como si estuvieran en un plano y no en elevadas montañas, la vista era espectacular yo nunca he manejado en carreteras con montañas tan altas y ver tanta amplitud entre los valles, he estado en las Rocosas y las cordilleras la Sierra en Estados Unidos no son nada a comparación de las montañas en Colombia también estoy acostumbrado a ver pinos en lo alto de las montañas pero en Colombia el terreno tiene árboles y arbustos que son tropicales, Fabio maneja como un corredor de formula uno, la línea sólida amarilla (no pasarse) significa nada, si una moto viene y nosotros estamos pasando se supone que la moto debe salirse de la carretera, el tamaño determina el derecho de la vía, los huecos de la calle añaden un nivel más a mi tensión mientras esquivamos de muerte y pasamos cualquier cosa que se moviera un minuto más lento que nosotros, aún que nosotros estuviéramos en una curva, una curva ciega, con bus o sin bus mientras tanto la carretera estaba más empinada a más altitud lo mismo que mi miedo; emparejo mi miedo a las alturas con el mio a los maniáticos al volante y esto contribuye a que se dispare mi presión sanguínea.

Paramos a descansar y a comer arepas en un paradero, la mesera fue muy amable y todos en el restaurante estaban viendo un partido de fútbol en la televisión que colgaba del techo, un rato después aseguramos que esa misma mesera me devolvió con dinero falso, se estaba anocheciendo cuando nos alejábamos del borde del valle para ir bien adentro en la montaña con mucha lluvia y deslices de tierra (mas como deslices de montañas pero deslices) en ese momento el viaje se estaba volviendo peligroso hasta para Fabío, con el anochecer, lluvia mientras manejaba y todas las ventanas empañadas con neblina por esto el tío de Fabio sugirió que pasáramos la noche donde Albeiro fue una buena considerando ya que la única luz era la de reflector ocasional al lado de la calle, las carreteras no estaban iluminadas y una negrura de visibilidad imperaba.

AMOR POR INTERNET: ASI CONOCI A MI ESPOSA

En Santa Rosa Albeiro administra una pequeña tienda de comestibles ahí fue donde paramos, éste es el pueblo donde la madre de Diana creció, pasamos por el lote donde la casa de la mamá estaba ahora es una pequeña tienda, estuvimos en el centro de el pueblo y allí parqueamos el jeep, me sorprendí al ver tanto joven en la calle; era viernes en la noche y las calles estaban llenas de jovencitos y adolescentes, entramos a la tienda, Albeiro estaba cerrando la tienda y estaba preparando a la gente que iba a abrir la tienda en los próximos días luego nos fuimos para su apartamento. Un aspecto curioso de viajar con otras personas y en un país extranjero es que la gente no se esfuerza en comunicarte los detalles de los planes que están pasando, ellos creen que yo entiendo español y sigo todas las conversaciones y pasa que no las entiendo, pensé que Albeiro iba con nosotros a la finca, no él sólo iba a Santa Rosa, él sólo fue a Gurne para la fiesta de quinceañera dos días antes y con el funeral del tío él perdió un día de trabajo entonces nos toco dejarlo en Santa Rosa y nosotros seguir para la finca, mi punto aquí es que yo opero mi vida de una forma que a mi me gusta saber lo que está pasando, acá sólo soy un pasajero más pero me gustaría saber cuales son los planes muchas veces "el plan" no son los verdaderos planes; porque yo no entiendo todo el español me toca regresar a mi memoria al punto donde no entendí, de todas formas esto lo hago en muchas de mis relaciones, me gusta saber dónde y cuándo mi interpretación es diferente de la otra persona, esto pasa en la vida todo el tiempo, para mi esto es un detalle peculiar cuando ésta reconstrucción pasa, no lo digo para culpar pero para saber porque hubo un mal entendido y cuándo se alejaron las mentes; en el matrimonio esto puede ser o no puede ser la solución a las diferencias pero puede ayudar a ser concientes de cual diferente somos todos cuando creamos una realidad compartida.

Albeiro nos llevó unas cuantas cuestas abajo a una pequeña calle a su nuevo y limpio apartamento, la casa estaba muy fría para mi pero parece que a nadie le importó, yo he estado alimentando esta gripa por unos días, siguiendo el progreso de mi sinusitis a mi garganta, a mis bronquios y a mis pulmones por eso tosía cada minuto, ésta empezó en la casa de Mark en Bogotá hace dos semanas, se curó un poco en el Ecuador y ahora regresó como una gripa leve; en el Ecuador compré unos antibióticos para terminar con ella pero la temperatura fría y los cambios de lugares nunca permitió que me curará del todo mientras viajaba; esto parece que me pasa a mi cada que viajo al sur de la línea ecuatorial, mi cuerpo debe saber que mis meridianos están intercambiados sin contar que yo siempre estoy en el sur durante su invierno, lo cual es verano para nosotros (Norte América).

Comimos algunos sanduches, nos arropamos mejor y salimos a conocer el pequeño pueblo, mientras caminábamos vi algunos niños jugando en las calles sin supervisión alguna, acá es bien de noche y las calles están llenas de jóvenes, creo que es agradable para un pueblo pequeño un viernes por la noche, cuando salimos de un callejón entramos a una plaza con cientos de personas usando sombreros de vaqueros colombianos y ponchos, estaban en un ambiente muy festivo, habían como miles de personas, esto no era una noche típica del viernes, en la plaza había un tablado con música en vivo y bailarines, servían mucha comida y alcohol en todas partes de la plaza del pueblo, después de preguntar me dijeron que estaban celebrando el cumpleaños del pueblo, esto explica el porque vi tanta gente en las calles cuando llegamos a la tienda pero me extrañó ver tantos jóvenes no es que los viejos los encierran, habían viejos también, era que dos adultos habían producido por lo menos de ocho a diez hijos, esto ha pasado por muchas generaciones y el resultado ahora es un sin número de gente joven, esto es una explosión de población debido a que no usan control de la natalidad pues la religión no lo permite, algo que no es aparente en los Estados Unidos.

Escuchamos la música de "Banana" habían dos mujeres bailando y deberían de haber lubricado sus articulaciones porque yo nunca he visto esa movimiento de caderas y movimiento de manos, la plaza estaba llena de bailarines, parejas abrazados, borrachos, novios, sombreros, ponchos y mucha alegría en ese lugar, a todo esto se le suma que la gente me miraba como si fuera ET yo sabia que era el único gringo en millas y años, nos regresamos al apartamento donde terminamos la noche en camas separadas con una cobija cada uno, Diana y Sebastián compartieron una cama ella en la cabecera y él a sus pies, en el piso, yo dormí en una cama pequeña, el cuarto era muy pequeño con dos camas que no había lugar para caminar en medio de la noche me paré en un cuerpo mientras salía del cuarto para ir al baño.

A la mañana siguiente salí a tomar unas fotos y regrese a tiempo para el desayuno y decir adiós a Albeiro, él es un católico muy devoto y fue él que cantó la misa de funeral, el usa su oído para tocar música como yo, él para ser colombiano es muy grande con una nariz grande lo que hace su voz de cantor fuerte y profunda, me recuerda al de la película el solterón virgen, en su casa hay dos reproducciones de arte uno de Rembrandt (el hijo periodical) y el otro una gran foto de Cristo estos están en su cuarto, como mucha gente aquí él es una buena persona, es muy agradable estar con él y su bondad es inmensa; el reza mucho, disfruta su familia y trata a los otros con mucho respeto ¿Dónde está la gente mala? En Long Island cuando manejó a mi trabajo veo por lo menos un pendejo que maneja como si fuera el dueño del mundo y le debiéramos un favor, en Nueva York ser rudo es la regla y es parte de la vida diaria, acá la gente es muy amable con los extraños que tan refrescante.

Tercera nota: Continuaré con la historia de donde estábamos localizados y como llegamos a la finca en San Pedro de los Milagros, ésta es una pequeña finca de un tío de Diana que vive en Queens, New York cerca de nosotros en Long Island, llegamos en la mañana después de que pasamos por unos pueblos pequeños, la carretera parecía estar perdida en la parte alta del mundo, sabíamos que estábamos en una meseta muy alta con una vista lejana de bosques verdes y colinas, uno de los pueblos era San Pedro, para mi sorpresa vimos una de las mejores obras de arte religiosa que yo haya visto, la basílica de este pequeño pueblo es muy grande y tiene una serie de pinturas en el cielorraso que son maravillosas, estas pinturas son muy realísticas, ellas cuentan la historia de Cristo y unas historias del Viejo Testamento el arte fue pintado en telones que colgaron extendidos sobre nuestras cabezas en el techo, creo que los pintaron en 1950, el libro sin ninguna foto que explica el arte estaba en español encontré esto muy extraño, las pinturas son como de veinte pies de largo pero muy altas en el techo de la basílica, me quitaron el aire, algo que más me impresionó fue que Cristo estaba sonriendo en muchas de las pinturas pero no en la crucifixión pero si en la resurrección el artista pinto a un Cristo que parecía muy humano con emociones y risas.

    El Papa visitará la basílica el año entrante por eso están renovando la iglesia y la plaza del pueblo, en efecto, la plaza es pura tierra y solo se ven las ceras de concreto se ve muy raro porque toda la plaza esta encerrada con un plástico verde, los caminos y la fuente la vimos de las escalas de la basílica un poco más arriba de la calle. Cuando llegamos a la finca , Tuto estaba allá tratando de arreglar uno de los millones de problemas de su Fiat blanco, Morelia y él vinieron en otro carro en la mañana, él mantiene las herramientas en el baúl del carro ya que el carro es un proyecto que nunca termina, estaba varado antes de que nos fuéramos para el Ecuador pero ellos nos recogieron en el Fiat cuando llegamos, ahora tiene un problema con el bumper plástico porque se ha despegado en el camino a la finca, Tuto estaba arreglando el carro y Morelia estaba cocinando; en Colombia la mujer mayor está siempre encargada de la cocina y la comida, el resto sólo de comérsela.

    Gastamos un poco de tiempo volviendo a empacar las maletas así Tuto y Morelia nos llevarían la maleta , fue bien estúpido traer una maleta muy grande un problema muy pesado que pudo haber sido como el infierno en esos buses tan pequeños que nos llevarían de regreso a Medellín el miércoles, ya habíamos empacado todo dos días antes, insistí en traerla porque tenia el computador y la cámara en ella, y todavía las tengo, todo ira en una bolsa por culpa de el tamaño del bus, lo único que necesito es una muda de ropa, pero mi computador y la cámara siempre estarán conmigo, por no llevar el computador al Ecuador olvide escribir muchos detalles del viaje los cuales trataré de recordarme luego.

Tuto arregló el problema en su carro luego yo pinté, después que nosotros comimos el almuerzo, luego yo organicé la maleta para que Tuto se la llevará, el sobrino de Diana Sebastián empezó una pintura, estamos pintando la finca, la dejaré como un regalo para el tío de Diana, a la gente les gustan las pinturas en las casas, almorzamos arroz, frijoles, pollo, chorizos en muy buena compañía, paraba para acordarme de mirar el amor y la amabilidad presente en estas personas en ningún momento oí a nadie ser grosero con ninguna persona, ellos saben lo importante que es la familia y tienen unos lazos bien fuertes algo que mucha gente en el mundo necesita, no creo que ellos hagan mucho alarde de esto o le hacen mucha promoción al valor familiar, ellos sólo lo tienen y eso es todo.

Yo no sé si hay un demonio malo escondido en algún miembro de la familia diciéndoles que se comporten por el momento o si son así de verdad y no tienen nada de que pelear, el respeto es algo natural nadie está sentado alrededor diciendo "somos maravillosos" los niños se portan bien y cualquier miembro de la familia los puede corregir, nadie esta tratando de impresionar a alguien o hablando de alguien, la función mayor es ser bueno con los otros sin necesidad de dejarlo saber como una necesidad, estoy asombrado con la simplicidad y maneras de ésta familia, soy muy afortunado.

Después que Tuto y Morelia se fueron para Medellín con Sebastián nos sentamos y conversamos con Piedad y Fabio ellos se quedaron un día más con nosotros, tomamos cerveza y hablamos de una amiga de Diana que se casó en los Estados Unidos por papeles y está siendo chantajeada por el hombre con el que se casó, no entiendo todo esto, ella le tiene miedo a un hombre que le dice mentiras a los agentes de inmigración, él continua extorsionandola por dinero, la amiga de Diana tiene miedo que ese hombre la delate, él ha violado las leyes así como ella, él la amenaza a ella con decirle todo a inmigración por un fraude que él también cometió para colmo de males el abogado de ella le dice que le pague al hombre, no todas las piezas encajan pero suena como si el abogado estuviera de acuerdo con el hombre que se casó con la amiga de Diana, no me imaginó toda esta estupidez con toda esta situación, hay un millón de víboras en la selva si usted coge una lo picará, me enojo y me irritó cuando yo oigo las últimas noticias de este asuntó.

La finca es una casa de un cuento de hadas; tiene un techo rojo, bordes rojos y paredes blancas con muchas y muchas flores la casa se siente como si los enanos y geniecillos estuvieran corriendo en los alrededores, el techo tan bajito y las pequeñas escaleras no están construidas para un hombre de seis pies como yo, he estado sólo dos días y me quiero quedar aquí hasta que se terminen mis vacaciones en Colombia que es en tres días pero Diana todavía tiene que hacer muchas cosas antes de irnos como ir al salón para retocarse los tatúes de los ojos, algo a lo que yo no voy a ir de todas formas tenemos que ir a Medellín, nos vamos mañana en bus, hemos estado pendiente de la hora que pasa el bus, la carretera es tan mala que no me imaginó como una moto puede pasar por acá ni mucho menos un bus grande, hasta ahora el bus ha pasado a las once y a las dos, sube hasta donde termina el valle y regresa a los cuarenta y cinco minutos después, sabemos que el bus viene porque toca su pito cada que pasa por una casa.

El piso de afuera de la finca es de baldosa roja el interior todo es de madera natural este color oscuro le da un aire caliéntico, arriba siempre es caliente porque el calor se eleva y los canales de el techo rojo recogen calor, los cuartos son tan pequeños que la cama doble no deja abrir la puerta del cuarto debajo de mi cama hay otra que se puede sacar todo el piso de arriba es de madera y suena cuando nos movemos en la cama o mientras caminamos; anoche fui cayendo en la cuenta que no he estado solo con mi esposa desde hace tres días, dormimos en una cama que se sacaba en Guarne en la noche de la quinceañera, dormidos en camas separadas en Santa Rosa, acá en la finca las paredes son de papel, podemos oír a Fabio roncar como si él estuviera durmiendo con nosotros.

Cuando era niño en California teníamos una casa como una letra "A" así como en la finca había unas escaleras en espiral así como la de acá es por eso que esta finca es como mágica para mi, las flores en todas partes y los colores vivos me hacen feliz, hay un gran patio afuera y un corredor alrededor de la finca con sillas mecedoras, hay plantas colgando de la entrada como todas las casas en Colombia, la casa tiene cuartos pequeños arriba y tres baños, soy como Gandalf acá me golpeo la cabeza cada que paso por la puerta de entrada, mi cabeza tiene chichones que prueban mi altura, cuando uso el baño arriba mis rodillas rozan la pared, me toca agacharme cuando paso por todas las puertas en las fotos que tomamos yo soy por lo menos una cabeza más alto que los otros colombianos, Diana me llega a los hombros, todas estas personas son pequeñas, yo quiero que hagan las puertas más grandes.

Regresamos a Medellín en bus y tomamos un taxi a el apartamento de los padres de Diana cuando le fui a pagar al taxista él insistía que el dinero era falso le di otro billete y su reacción fue de doble enojo, el otro era de mucho valor y Diana se lo llevo a la tienda de la esquina para cambiarlo, ella regreso y muy seguro los otros dos eran falsos, pagamos con el cambio de el billete, esa noche se los mostramos a Fabio y él me explicó como reconocer un billete falso, los colombianos revisan el dinero cada que les dan el cambio, he visto esto pero nunca supe ¿por qué? el grosor del billete estaba mal y este se sentía como papel regular, las marcas de agua se veían borrosas y una banda metálica que va en todo el medio no la tenía, el único momento que yo use el dinero fue en el restaurante días antes los otros días use monedas de mis bolsillos

Los últimos días empacamos y tratamos de no hacer nada, Tuto nos llevó al aeropuerto en la mañana y salimos para nuestra última parada de nuestras vacaciones Panamá , teníamos una sola maleta cada uno, fue un viaje muy corto, ahora podré estar con mi esposa a solas otra vez, si no hubiera sido tan agradable el estar con la familia yo me hubiera venido antes, mi propia familia no hubiera sida tan amable y armoniosa, se que voy a extrañar a cada uno de los miembros de mi nueva familia en Colombia.

CAPITULO 14: PANAMA

Día uno: Estamos en Panamá viví aquí hace 53 años lo que más recuerdo es la arena caliente en la playa y yo llorando porque mis pies se quemaron en ella, el fuerte calor y además el ser castigado por irme para el bosque tropical cercano a nuestra , nos íbamos mi hermana, mi hermano y yo para mirar los insectos que nos fascinaban; la cantidad de estos pequeños animalitos y sus colores me dejaban sin aliento, me acuerdo que mirábamos a los insectos como si fueran criaturas de un universo lejano, pensaba que ellos se comunicaban conmigo, ellos volaban a unas cuantas pulgadas de mi cara y mis pies, aún así no le tenía ningún miedo, yo me embobaba con los patrones de sus colores, tenía cuatro años, me acuerdo lo peor de toda esta bella experiencia y fue el evento dramático que nunca olvidare las pelas con correa que mi padre nos daba, él nos encontraba usando un pito muy fuerte, lo que hizo toda su vida, el pito y la correa simbolizaban para nosotros terror; años más tarde le robe la correa y él nunca más la encontró; aprendí a guardar secretos, este es uno de ellos en mi vida.

Hoy estoy sentado en el balcón de un cuarto piso en un apartamento lujoso en Panamá , vuelven a mi los recuerdos de mi infancia; nosotros nos estamos "quedando con unos amigos" un lugar que encontré en el Internet, la pareja de personas mayores que nos recibieron anoche son maravillosos, el apartamento está dentro de su casa y tiene mucho más de lo que esperábamos, tiene un gran baño , televisión, una cama grande y muchos closet, es un cuarto grande con pisos de mármol, en comparación del último hotel en Ecuador esto es una maravilla, el cuarto es súper grande y muy cómodo.

Los dueños son panameños, están en sus años sesentas y son muy agradables es como estar con la familia, Diana tuvo un mal día ayer por dejar a su familia, lloró varias veces, ella adora a su familia en especial a su padre, sé que no puedo hacer nada para llenar ese vacío, sé que necesito más tiempo para crear un enlace fuerte entre nosotros el mismo que ella tiene con su familia, tengo la confianza que esto va ha pasar, sólo espero que aguante bastante para que todos sus deseos se cumplan, los señores del apartamento la consuelan como si fueran sus padres.

La noche anterior a nuestra partida la mamá de Diana me preguntó sobre nuestro regreso a casa, si estaba contento de llegar a mi hogar, le dije que sí que yo extrañaba mi casa cuando estaba lejos por mucho tiempo, veo a Panamá como el paso anterior a nuestro regreso a casa en Nueva York para Diana, tenemos una semana antes de volver, una semana en un lugar que es muy similar a Costa Rica y Colombia, algo así como Miami en el trópico, además y lo más importante será la transición de regresar a nuestro nuevo matrimonio y muy lejos de la vida del pasado, necesitamos volvernos a conectar y enfocarnos en nuestra vida de pareja, es demasiado moderno aquí.

A Diana le fascina su vida en la ciudad de Medellín, en cambio yo soy una persona de campo, las ciudades me desesperan, donde vivimos nosotros en Nueva York es como el campo, no es tan poblado ni tan ruidoso, cerca de la playa y de los pantanos de agua con sal, en Medellín el tráfico y la gente la hacen un lugar muy animado, esta ciudad esta llena con gente del vecindario todo mundo conoce a todo el mundo, los vecinos de la casa de Diana en Colombia son muy particulares Ricardo un hombre cuyo hijo tiene el síndrome de Down se sienta en una esquina con su silla de ruedas a vigilar el barrio y ve quién entra y quién sale (a Ricardo le dispararon por un traficante en la época de Pablo Escobar) la mujer con su bebé que lo asolea cada mañana sabe quién es el que pasa, en el salón de belleza de la esquina se saben todos los chismes locales, Diana ha estado en el mismo barrio por muchos años en cambio yo me he mudado muchas veces y no se quien es quien en los lugares donde he vivido, por un momento me pongo en el lugar de Diana y pienso como ella se siente al dejar de su país y al venir a vivir conmigo, hoy me dijo que su corazón estaba roto porque ella adora a su familia, sé que no le gusta Nueva York.

He abierto mi hogar pensando que es un paraíso por su ubicación y por ser tan tranquilo pero para mi esposa es demasiado la soledad, esto la hace sentir triste, y la calma es peor, es muy claro ver el contraste dramático entre los dos países, la gente en Colombia es amable , colaboradora, en los Estados Unidos tenemos nuestra propiedad y otras cosas que nos mantienen muy ocupados, no dije que alegres, muchas de las cosas que yo no estoy de acuerdo en mi país son las mismas cosas que son muy obvias para un extranjero pero ¿ qué puedo hacer yo? No puedo cambiar en donde yo vivo, Diana y yo hablamos en la mañana mientras caminábamos en la calle antes de salir de Medellin, me siento presionado quiero que Diana se sienta feliz y no se como ayudarla, quede un poco sorprendido cuando oí que Nueva York es el infierno al que estoy llevando a mi esposa de regreso, le conté a Diana lo duro que he trabajado para llegar a donde he llegado y que a ella le va a tocar hacer lo mismo, conseguir un carro y dejar de ser menos dependiente de mi resolverá un "problema" inmediato, de todas formas la vida es difícil no importa donde vivas, y sin querer reconozco que soy el malo de la historia porque separe a Diana de su familia ,de su hogar, de la vida que ella tan bien vivía y conocía hasta ahora y a pesar de yo he compartido todo y he gastado horas manejándola desde y hasta sus clases, yo le llamó "proyecto" a su vida conmigo porque he estado trabajado por ella todo el año desde ayudarle a encontrar un trabajo hasta llenar los papeles de inmigración, muchos hombres se casan y el "proyecto" no está ahí, la mujer llega como pareja completa y tienen una unión económica que les ayuda a los dos, algunas veces me siento como si estuviera criando un niño porque le estoy poniendo más atención a sus necesidades dejando las mías a un lado.

A diferencia de muchos matrimonios modernos ella es totalmente dependiente de mi en lo económico y lo emocional, mi matrimonio es diferente y eso lo hace especial para mi, yo estoy en una inversión muy grande para el futuro y sé exactamente que es lo que estoy construyendo, cuando Diana terminé la escuela ella será independiente y tendrá más de lo que ella necesite, estará en una posición de poder compartir conmigo, ahora yo pagó por todo, en el futuro todo será más balanceado económicamente.

Miro las cosas de esta manera: no pude encontrar una clase

de valores familiares, buen carácter moral y especialmente una mujer que no fuera materialista acá en Nueva York, tal vez esto es un mito auto impuesto pero salí de mi país y encontré a la mujer de mis sueños, buscar por una forastera ha producido dificultades nunca antes vista pero al mismo tiempo hemos creado una clase de relación diferente de las otras, las bendiciones y maldiciones de lo que queremos y de lo que tenemos es parte de la vida, la vida no es fácil y siempre con muchos retos, yo puedo soportarlo, estoy preparado, maduro y tengo el dinero necesario para sentirme seguro en mi inseguridad, la diferencia de edad de veinte años me da una perspectiva inusual en la vida, veo una visión más grande que Diana, esto está bien porque ella añade muchas cosas a la visión y esto es más importante que la gran visión.

  Ella es como yo fui antes, ella está pasando por una transición grande , me siento atraído por su manera adorada y amigable, esto me pone muy contento, la personalidad infantil que es impulsiva con el dinero y muy sensible a las criticas es lo más difícil , una de los problemas más grande en Colombia era que ella quería sacar a su padre de los problemas financieros más de una vez le dije que no le diera tanta plata a su padre y que lo importante era que ella necesitaba la plata para ella misma, no quiero que ella se sienta mal por no ayudar a sus padres, tenemos fondos que son para "nuestro" tiempo juntos y no me siento mal si le pongo limites, Ella da mucha ayuda financiera a sus padres porque ella vivió con ellos hasta que tenia treinta y cuatro años, ahora el padre le pide plata para sus problemas con el carro, el carro se dañó y su padre se accidentó en el edificio donde viven la subsecuentes reparaciones y construcciones sumaron mucho dinero, se me volvió el corazón de piedra y le dije que ese no era su problema "pero yo amo a mi padre" sí lo sé que ella lo adora, pero veo un patrón de ella ayudarlo a él cuando es mejor dejarla que ella se separe de ésta clase de relación, yo no entiendo esta clase de compromiso con mis padres, yo no sé la respuesta.

  Fue bien irónico que su tarjeta del banco no funcionará ni acá en Panamá ni en Colombia y era porque ella tenía muy poca plata, pero era su plata porque su tarjeta del banco no funcionó yo tuve todo el control del dinero y me toco darle el dinero de su cuenta (yo puedo depositar dinero en la cuenta por el Internet, en Costa Rica ella podía sacar de su cuenta pero en Colombia no pudo, averiguaremos por qué cuando regresemos) yo adoró el papá de Diana es muy amable y maravilloso, pero no me gusta que él le pida ayuda a ella cuando ella debería de preocuparse por su futuro, su vida y su independencia, estamos muy bien en comparación con el modo de vida de Colombia pero el aspecto emocional de la relación padre e hija (para mi de todas formas) debe ser del padre que le da a la hija, ahora estoy siendo un gran pendejo; además en el aspecto "cultural" Diana necesita ayudar a sus ancianos padres es otra diferencia grande que me cae mal y honestamente no estoy de acuerdo con el tercer mundo los hijos ayudan a sus padres,sonare egoísta y hasta algo miserable , pero esas no son mis costumbres en los Estados Unidos los padres siempre ayudan a sus hijos hasta que ellos salen de la universidad y la dependencia económica se acaba y en otras ocasiones las relaciones de familiaridad también, la única solución a este problema es que Diana termine su carrera y que haga con su dinero lo que ella quiera, se que como esposo debo aprender a respetar sus decisiones ahora como yo soy el soporte económico y creo que debemos concentrarnos en su futuro a largo tiempo y no las necesidades inmediatas de sus padres, yo estoy actuando de padre con Diana, es una situación difícil que cambiará con el tiempo, que se calentará o se disolverá en desacuerdos, todos debemos ser pacientes.

    Hablamos todos de comprar una finca y tener a sus padres viviendo en una casa separada o apartamento, todos decidimos que esto pasará cuando termine su educación, además ellos entienden a donde quiero llegar con mis sueños, mientras tanto me siento un poco mal por ser el que no suelta el dinero (el miserable de la historia), trato de adelantarme al futuro viendo una visión muy grande donde todos están incluidos, lo mismo pasara cuando tenga un hijo yo no quiero ser el único que ayude, si tenemos un hijo ahora me tocaría a mi darle el apoyo económico y no creo que esto sea correcto pues la mujer debe compartir económicamente a la vez yo compartiría con su crecimiento emocional y espiritual, mi mamá no trabajo (ha,ha,ha ella trabajó como una esclava) pero mi papá no ayudó en el crecimiento de sus hijos él era la autoridad y el disciplinario, mi madre sufrió por este arreglo, yo no quiero repetir los mismos pecados de mis padres, tengo que balancear todo como veo la bueno y lo malo de como funciona una relación, porque la relación de mis padres fue tan mala, me tomo mucho tiempo darme cuenta lo malo que era yo porque estaba en esa relación de locos; el sueño Americano está lleno de maldiciones que necesitan absolutamente ser replanteadas y cambiadas

He estado escribiendo acá sentado en un patio en la ciudad de Panamá, escuchando los pájaros ,Diana acaba de salir a decir buenos días, ella no sabe lo mucho que la quiero y la cuido y yo se lo vivo diciendo pero ella no sabe el efecto positivo que ha causado en mi vida, ella es el ángel en mi vida y me da mucho propósito y esperanza y muchas veces no comprende mi manera de pensar, pero esta es la consecuencia de las difíciles experiencias que he tenido en la vida y trato de hacer lo mejor para que ella conmigo no sufra y no viva lo que yo viví tiempo atrás.

    Día dos: Encontramos este gran apartamento en el Internet, así como muchas cosas importantes en nuestras vidas, los viejitos son muy agradables, la mujer Cecilia habló inmediatamente con Diana, algo que me fascina de Diana es la manera como ella ama a la gente y es muy extrovertida con ellos, la gente le gusta la atención y ella es muy buena en demostrar respeto y compañerismo, ellos hablan muy rápido el español no puedo entender lo que dicen, se parecen hermanas, Mario el esposo tiene una cola de caballo como yo y habla un poco de inglés, no se que hace el ,pero por el aspecto del apartamento el tuvo una buena profesión, estamos en el cuarto piso en medio del centro de la ciudad, está cerca de todo lo que queremos, el balcón es muy agradable es donde yo me siento y escribo en un reclinatorio grande y abollonada.

    Cecilia llamo a un servicio de taxi ella nos dijo que era barato y mejor contratar un taxi por horas en vez de ir a un tour por la ciudad en un bus con muchas más personas entonces gastamos cincuenta dólares y comenzamos a las diez en la mañana. Empezamos el día caminando al otro lado de la calle y buscando comida, el apartamento tiene una pequeña nevera y la llenamos con jugos, yogurts, frutas y algo para sanduches, el mercado era caro pero cerca, conseguimos desayuno y almuerzo para toda la semana, los dueños del mercado son Chinos y hablan español los estaba molestando porque pensé que ellos nunca sobrevivirían en la ciudad de Nueva York hablando español, yo hablé en español y me sentí que me estaba comunicando mejor con ellos que si estuviera en la ciudad de Nueva York porque los chinos allí hablan muy poco ingles o solo lo suficiente para darte tu cambio (esto es mi lado diminuto de mentalidad etnocéntrica la cual está contaminada de mi vida en la clase media blanca) disfruté este nuevo encuentro con los chinos.

    Me preguntó muchas veces de dónde viene mi percepción de la gente y porque se quedan tanto conmigo; trabajo en un ambiente multicultural y aún así me veo pensando en términos de blancos muy extraños, he llegado a la conclusión que las enseñanzas que mi padre me dio fueron muy profundas y toman mucho tiempo de deshacerse de ellas, mi padre fue un racista tolerante, él creía que todas las personas eran buenas, con algunos elementos malos pero él nunca se mezclo con gente de otras razas, tarde en su vida él tuvo vecinos y amigos de otras razas pero él creía que nadie debía de casarse con personas fuera de su raza "la vida sería muy difícil para los hijos" su opinión de los homosexuales era que ellos estaban enfermos y había que tenerles miedo, estas sombras estuvieron conmigo en mi niñez hasta mi juventud, también me sorprendo por qué me enseño a reconocer un país atrasado con respecto a los Estados Unidos ,cada que conozco un nuevo país inmediatamente recuerdo sus palabras; y trato de cambiar este fantasma de el pasado, mentalmente intento hacer esta ejerció me digo cual moderno es y que la gente es como nosotros en Nueva York, yo tengo unas imagines preconcebidas que nada es tan bueno como lo bueno en Estados Unidos y esto no tiene sentido, la vida es la vida diferente pero la gente tiene televisores, carros y casas, comen y tienen todas las mismas emociones, en países extranjeros las carreteras no son tan pavimentadas y los huecos en las aceras son aceptables.

Después del desayuno y una charla con Cecilia nos fuimos en taxi para el canal de Panamá , viví allí hace cincuenta y dos años, ví algunas viejas casas militares que me eran familiar es pero quién sabe cual fue la casa en que vivíamos, el canal fue muy interesante, el taxista un panameño negro con un diente de oro enfrente llamado Oscar fue muy buen guía de turismo, pagamos los ocho dólares cada uno para entrar al canal, vimos una película de su historia, miramos los barcos en las compuertas hidráulicas y visitamos los cuatro pisos del museo, la plataforma de observación fue el mejor lugar para ver de cerca el movimiento de los buques, Diana estaba muy emocionada por esta experiencia, ella gritaba "papi, papi mira a los botes pequeños, mira cuando entra el agua a las compuertas" disfrutamos mucho.

El taxista nos llevo en un viaje largo donde pasamos el puente que cruza el canal a una delgada y alta calle que llega hasta el agua, esto fue donde el general Noriega tenía su casa privada, lo malo de esta área es que hubiera podido haber sido en Miami o California, las mismas cadenas de restaurantes en cada ciudad de Estados Unidos estaba aquí por el camino podíamos ver todos los buques con su gran cargamento, ¿Quién va a comprar toda esa mercancía y quién va a llenar los basureros con todo ese desorden? Me preocupa el ritmo del consumismo y lo que está pasando en el planeta.

La siguiente fase de nuestro tour fue triste, dejamos la moderna zona comercial y pasamos por los barrios más pobres de la zona histórica, me acordé de las Filipinas; la gente se para en las puertas y se asoma por las ventanas, las cuerdas para extender la ropa iba de edificio a edificio por los callejones en un diseño abstracto que contribuía a la dureza visible en las caras de los pobres, tenía mi cámara de fotos y sabía que usarla sería una invasión a su dura vida, el taxi paso bien rápido por ese sector como para insularnos de la pobreza pero mi corazón quedo muy triste, muy pronto llegamos al sitio turístico y a los viejos edificios históricos, las tiendas eran demasiado caras para nuestro presupuesto y no daban descuentos, una extraña dicotomía entre lo que habíamos visto a menos de una milla de distancia y las calles de las tiendas vacías y muy limpias no hizo la caminata muy agradable.

Unas cuadras más adelante pasamos unos monumentos de españoles subimos unas escaleras y salimos a una calle abierta que era de larga como el borde del agua, trescientos grados de agua nos rodeaban, algunos indios vendía sus telas, compré unas cosas, las negociaciones eran más difíciles que en el Ecuador, éstas personas no hacían descuentos, ellos todos tienen sus precios fijos y todos trabajan en conjunto por mantener los precios, yo sé como recatear, no soy flojo en el arte del negocio, compramos unas artesanías de manos muy bonitas.

El conductor nos llevo a otra sección de edificios históricos que parecían como un comunidad pequeña o caserío, la iglesia la tenían bien preservada y los edificios adyacentes todos muy bien pintados con techos de madera tropical con diseños recortados ornamentales; los edificios parecían holandeses por lo cuadrado y no la apariencia redondeada o curveada, un hombre tocaba el bajo y su música nos seguía adentro y afuera de las tiendas de turista, ahí compramos más de las tiendas de los indios.

La siguiente atracción fue en donde gastamos más tiempo casi como dos horas, el taxista, Oscar, estaba hambriento y ordenamos unas empanadas de pollo, cuando llegamos habían una docena de niños en las escalas de una pequeña y blanca iglesia al estilo español bailando danzas tradicionales, cada pareja de bailarines usaba trajes panameños tradicionales, las mujeres usaban vestidos largos de encajes blancos y con chales, los hombres tenían camisas de cuadros y sombreros redondos que se doblaban para atrás en el frente, sus ropas eran diseñadas para el calor, fue muy bueno verlos, muy serios, sonrientes y bien coreografiados, ellos volteaban y zapateaban por casi una hora, ordenamos la comida que se demoró como cuarenta y cinco minutos, la cuenta la trajeron en tres minutos.

Hubo un momento que los bailarines vinieron a la pequeña audiencia y escogieron parejas, yo fui escogido para ser el parejo de una muchacha como de veinte años, ella era muy delicada y usaba un falda hasta el piso blanca plisada con una camisa blanca de encajes, su pelo bien negro estaba recogido y con broches blancos que le decoraban cada lado de su pelo. Estos broches parecían de origen español el baile era simple y fácil de seguir, ella me guiaba y siempre sonriente

    Una vez hice una danza de grupo similar en la China en un parque cultural; fui invitado a participar de un grupo de bailarines en un círculo grande, el resultado fue bien cómico, esto fue hace como ocho años yo estaba en un viaje de un día a el campo de China desde Hong Kong, tenía un par de pantalones anchos que me quedaban demasiado grande, me sacaron de la audiencia para participar en la danza, cuando volteé en el círculo mis pantalones se bajaron hasta mis rodillas, francamente estaba tratando de agarrarlos, subirlos y al mismo tiempo tratando de mantener el ritmo con el resto de los bailarines en el círculo, me subía y se bajan los pantalones y más cuando yo los soltaba para tomar la mano del danzante al lado mio, todos los de la audiencia estaban muertos de la risa conmigo pues necesitaba una correa, me incliné ante los presentes al final del gracioso baile y me aplaudieron mucho; cuando estuve bailando con esta joven me revisaba el pantalón para asegurarme que no se me estaban cayendo. Terminamos nuestro pequeño almuerzo o mejor nuestra merienda porque teníamos comida esperándonos en el apartamento, Oscar nos llevo al centro de la ciudad cerca de donde nos estábamos quedando y nos mostró los locales de Internet y las tiendas de víveres, le pagamos, le dijimos gracias, subimos, almorzamos y nos recostamos, fuimos al cajero automático y sacamos dinero antes de regresar,

    En a tarde fuimos al café Internet donde Diana llamó a su madre, yo use los computadores pero me dieron dificultad entrar en los programas; me entregaron un papel con unos números, tuve que preguntar muchas veces por ayuda mientras Diana hablaba con su mamá, terminamos nuestro día en misa; mientras salíamos de misa y cruzábamos la calle oímos un sonido de llantas frenando que nos asustó mucho, estábamos a unos pasos de un accidente y hubiéramos podido ser víctimas del tráfico tan salvaje acá, Diana dijo que nos salvamos del accidentes por el hecho de haber ido a la misa y orado dando gracias.

Día cuatro: mañana tomaremos un bus para la ciudad de Colón en el lado caribeño de éste delgado país, de pronto nos quedamos en un hotel o regresaremos en el bus el mismo día no sabemos todavía, ayer estuvimos caminando por la ciudad, esperamos en tremendo aguacero tanto que paro el tráfico después del aguacero como a las diez en punto nos fuimos para un centro comercial, odio los centros comerciales pero fui por Diana encontramos un pesebre hecho en China muy barato por diez dólares en una tienda del centro comercial, la lluvia era poca y empezamos a caminar por una nueva y muy moderna parte de la ciudad, nos toco regresar pues la lluvia arreció y se nos quitó la gana y el calor hizo que nos devolviéramos a refugiarnos al centro comercial nos regresamos al apartamento con nuestro paquete y comimos el almuerzo.

Mario nos contó de una exhibición de arte cerca de nosotros por eso nos fuimos a buscarla pero nunca la encontramos entonces fuimos otra vez en taxi a la antigua ciudad donde vimos unos edificios muy interesantes, visitamos el Altar de Oro; una iglesia donde la gene local confundió al pirata Morgan pintando todo el oro de la iglesia con carbón, cuando Morgan vio el altar el pensó que necesitaban dinero e hizo una donación, vimos el altar un trabajo grande y espectacular de arte cubierto con hojas de oro, estaba bonito pero nuestra visita a Quito se ganó el ¡ ah ! de todas las iglesias vistas, luego nos fuimos para el mirador de donde se ve la ciudad moderna visible desde la carretera que bordea el mar, los mismos indígenas vendiendo como el día anterior, está vez usamos un taxi más nuevo y cómodo, el conductor Gustavo nos acomodo por diez dólares la hora y mantuvo el precio con el tiempo correcto, atravesamos el puente de las "Américas" a un parque donde los pescadores dormidos se recostaban sobre el puente, y los nadadores se reían entre ellos en una pequeña laguna, tome fotos, Gustavo era casado con dos hijos, nos mostró una tarjeta que lo acreditaba como un ministro ordenado y tocaba música religiosa en el radio del taxi usando discos compactos, mientras mirábamos el Altar de Oro él y yo acordamos que poco tenía que ver el oro con el mensaje de Cristo.

Compré una mola (como la llaman ellos) de un indio esto es un tapete cosido a mano en un fondo negro con tiras de colores fuertes de tela que son cortadas en muchos pedazos y colocadas como un rompecabezas para formar un animal por lo general de la jungla, él parecía saber que no le iba a pagar lo que me pidió y por eso rebajó de precio ahí mismo, yo siempre compró dos de todo y compré otro, luego el taxi nos dejo en el centro de la ciudad donde comimos en un restaurante colombiano ordenamos arepas con pollo, plátano y yuca frita en forma de papitas fritas, queríamos hacer la digestión por eso decidimos caminar y nos perdimos buscando un parque cercano al apartamento en donde estábamos ubicados cuando por fin después de mucho caminar lo encontramos el sentimos una gran decepción, era un parque de niños con algunos árboles, mucha gente y muy pequeño, había un grupo de músicos con el sonido muy alto, ellos estaban haciendo giros de manos y brazos al mismo ritmo de la música parecía como si estuvieran ensayando para un video musical, nos tomó como una hora para encontrar el parque y como tres minutos para atravesarlo e irnos para la casa, planeamos ir a Colon, zona de comercio libre cerca del canal de Panamá

Sabíamos que nos tocaba madrugar para tomar el bus por eso vimos algo de televisión y nos fuimos a dormir como a la nueve, esa noche no usamos el aire acondicionado sólo un ventilador eléctrico y dormidos mucho mejor, en la mañana el sol estaba brillante en una parte del cielo pero unas nubes venían rodando muy rápido parecía como si fuera a llover medio día otra vez, nos dirigimos en taxi y luego en bus a Colón.

Día sexto: Ayer fue muy interesante ver la ciudad de Colón; empezamos muy temprano tomando el taxi hasta la Terminal de Buses Nacional, a las nueve y media estábamos en la carretera en un bus con aire acondicionado y viendo una película, el bus estaba oscuro cuando entramos las cortinas estaban sueltas para mantener el calor fuera del bus y las pantallas de los televisores muy visibles, adentro de el bus estaba encendido el aire acondicionado, el Terminal de transporte estaba llena de cientos de buses de colores alineados en líneas bien organizadas, después de salir del Terminal pasamos por muchas casetas, tres en los primeros veinte minutos, en la mitad del país habían unos pueblos pequeños pero en la mayor parte del viaje solo encontramos algunas casas y negocios, esta era la selva central, mientras más viajábamos al occidente se veía más poblada y pobre, cuando entramos en la primera intersección más importante fuera de Colón y la policía estaba parada bajo de un puente usando unos chalecos muy pesados y armas grandes, eran al menos como siete de ellos en la sombra de una caseta provisional.

Cuando el bus entró en la ciudad era obvio que la población era de color negro y muy pobre, el conductor anunció la zona franca y mucha de la personas se bajaron del bus, nosotros también nos bajamos del bus y caminamos hasta un McDonalds para usar el baño y comer nuestros propios sandwiches de atún y compramos un
helado, algo que me sorprendió fue que dos jóvenes cortaron la línea el administrador una mujer les dijo que tenían que hacer la fila y además tenían que mostrar respeto por los otros que estaban en la línea antes de ellos, esto me impresiono porque en los Estados Unidos una corrección en público de esta actitud nunca pasa, nosotros toleramos un mal comportamiento, en los Estados Unidos nunca nos damos cuenta del ingrediente principal el respeto y porque se necesita, las enseñanzas no se hacen en lugares públicos cuando es apropiado y requerido.

El calor , y la desesperación de aquellos en las calles nos empujaron más cerca hacia la zona franca, entramos a la primera calle de lo que era el área de la pared un hombre uniformado nos paro y nos preguntó por nuestros papeles "¿qué papeles?" le pregunté, teníamos que ir a una oficina por los papeles para entrar entonces nos toco caminar otra cuadra, dentro de la oficina habían hombres sentados en filas de sillas esperando detrás de ventanas como despachos, nos enviaron a una ventanilla, la mujer nos pidió los papeles de turistas y los pasaportes, teníamos los papeles de turistas pero los pasaportes estaban en el apartamento, con un poco de convencimiento y algo de honestidad estuvimos muy pronto en la zona franca, yo tenía la fotocopia de mi pasaporte y la licencia de conducir pero Diana sólo tenía la tarjeta de turista, a todos los turistas les asignan un papel especial cuando entran a el país, por suerte tenía estas copias.

La zona franca fue uno de los lugares más extraños del planeta que yo he estado, muchas de las tiendas tienen avisos en las puertas "sólo para mayoristas" hombres de gafas oscuras se nos acercaban para llevarnos de compras pero nosotros queríamos ver todo solos, éstos hombres eran cazadores tratando de conseguir algo de dinero pero ¿por qué? creo que eran guías; yo estaba con calor, no había un solo árbol o alguna vegetación gris alrededor, las tiendas se veían muy costosas dentro de estas válvulas con aire acondicionado estaban sentadas unas recepcionistas muy bellas usando blusas con escotes profundos y vestidos estrechos, cada edificio era muy moderno con muchos espejos y aluminio brilloso pero las calles eran como un capítulo de la Divina Comedia de Dante era deprimente, sin vida y magnánimo, los cables de la luz que se veían encima de nuestras cabezas parecían que se fueran a caer en cualquier momento se cruzaban en las calles como un juego de cables sin planear, el pavimento estaba con muchos huecos y con contadores sin tapa con unos huecos muy profundos esperando romper unos desprevenidos tobillos; era una jungla de cemento y el calor era de muerte caminábamos por la sombra para mantenernos frescos, el aire era tan quieto como la muerte.

Esto paso como por veinte cuadras o más, caminamos la zona por unas cuantas cuadras, entramos tal vez a cinco tiendas porque era para mayoristas las otras, la primera era como una tienda de un dólar, Diana compró algo para su pelo y una sombrilla, le preguntamos a la gente donde había un hotel con playa para nadar "No solo cocodrilos y el Canal". La segunda tienda fue más interesante eran cortinas y manteles, me fascinan las telas desde que era joven y vivía en Pakistán adoraba ir a ver las telas y las cintas, esta tienda era un regalo que encontré, gastamos setenta dólares en manteles y telas, los diseños eran muy bonitos habían un sitio donde las telas costaban cinco dólares entonces nos enloquecimos, compramos regalos y unas telas para la casa en Costa Rica donde el color del decorado es anaranjado, casi todos los tejidos eran hechos en China pero también habían unas telas muy lindas de la India con tejidos en líneas de oro y lentejuelas, hablamos muy brevemente con un judío ortodoxo de Israel le pregunté si él era de Nueva York, " No" y nos preguntó de dónde éramos "Nueva York" es gracioso pero esperaba que fuera New York ino él estaba con un hombre que lo molestaba mucho para salir, este hombre era su guía de los que usaban gafas oscuras ¿por qué el tiempo tan limitado? En resumen fue como un sueño de un ambiente Surreal esperaba ver un reloj desvaneciéndose sobre un árbol como el arte Surreal de Salvador Dalí en este lugar tan seco y extraño.

Nunca terminaron las tiendas, me estaba volviendo loco en semejante ambiente estaba pensando "esto es como el otro lado del muro de Berlín" sólo que es capitalista mantenido bajo guardia, hombres merodeando en las calles y líneas de gente parada esperando por el almuerzo con vendedores ambulantes que estaban cocinando en las calles, no habían restaurantes, ni lugares donde ir, ningún lugar para entrar y comprar un bebida fría o agua, los precios de algunos lugares que te permitían la entrada no eran tan buenos como en una cadena de tiendas por departamento con descuento, de verdad me quería salir de ese lugar fue todo totalmente opuesto a lo que yo me imaginaba iba a ser.

Salimos a una calle fuera de la "pared" y se veía muy peligroso, un hombre que pasaba nos advirtió que tomáramos un taxi porque nos robarían con las bolsas de compra tan visible muy rápidamente nos montamos en un taxi y una voz cálida y fuerte nos dijo en muy buen ingles "De dónde son" el conductor era un militar retirado su nombre era Ellington "la gente me llama el Duke" "a dónde quieren ir" le dijimos que habíamos oí hablar del hotel Washington, "esta bien papi pero así es la cosa por aquí; sean bien cuidadosos yo le advertí a un hombre de Australia pero no escuchó y ellos le dispararon en su mano le dije que no saliera solo por estas calles pero no escuchó" Duke se volvió el ángel de nuestra guardia, le preguntamos sobre un hotel con playa y el dijo "no hay hoteles y no hay playas en este sitio" a pesar de esto nos ofreció llevarnos a una playa agradable con un restaurante era como a cuarenta minutos al sur y por veinticinco dólares por dos horas ida y vuelta, aceptamos su oferta.

Disfruté este hombre, se mudó para Panamá y se casó con una colombiana y tienen tres hijos, una buena casa que construyó con noventa mil dólares, él estuvo en Vietnam y Alemania, tenía sesenta y cinco años con su pelo y barba blanca, dientes de oro que contrastaban con su piel negra, su actitud era muy diferente a la de todos los panameños que habíamos conocido, nos contó que era de Texas, pero que creció en Panamá con sus padres que también viven aquí, estaba orgulloso de ser norteamericano, de su esposa colombina, fue muy agradable estar con éste hombre, tenía un aire de mucha confidencia y un tono de voz que sonaba como música y poesía, mientras nos llevaba a la playa él paró rápidamente en la estación de policía y le dieron una signo con la mano de saludo y siguió manejando, no estaba seguro si esto era por la policía o por nosotros pero lo saludaron desde una ventana muy ancha. Llegamos a nuestra playa después de viajar a través de un bello paisaje con verdes prados y puntitos de novillos Brahma blancos, la playa era un pedazo de cielo a comparación de la mañana tan horrible en la zona franca, fuimos y nadamos en el agua clara y azul turquesa que nos estaba llamando, y para seguridad colocamos las compras en la maletera del taxi, por veinticinco centavos entramos y nos cambiamos en un cuarto y salimos hacia la playa, deje mi cámara y mi dinero con Duke.

Diana me preguntó por nuestro dinero y le dije que teníamos que creer en la gente, le di la bolsa en frente de dos mujeres que trabajaban en el restaurante, de verdad no hay otra forma de viajar o de vivir, si no creemos en los extraños nunca sobreviviremos al otro lado de este miedo natural es el regalo que le damos a los extraños de creer en ellos; nunca me ha pasado nada en hacer lo que hago porque creo el respeto es el poder más fuerte en la tierra. Disfrutamos el agua como por media hora luego fui por mi cámara y a pedir el almuerzo, caminamos por la playa y había una madre jugando con su hijo de dos años que cuando nos vio corrió hacia nosotros y me dio unas conchitas y una alegre sonrisa, recé en secreto por él deseándole mucha suerte y generosidad que le pueda traer en su larga vida, tome fotos de la playa tan bella, habían jóvenes buceando en el agua bajita con sus gafas puestas estaban buscando por peces, el agua era tibia en la orilla y más fría mar adentro pero era la clase de agua que lo refresca a uno, sé que no volveremos a estar en aguas calientes hasta que no regresemos a Costa Rica en diciembre; el almuerzo estuvo listo cuando la mesera nos dijo en media hora fue arroz con repollo picado, el pescado frito; cabeza, ojos, aletas todo pagamos cuatro dólares cada uno por lo menos el doble de lo que pagan los locales, pero estamos de vacaciones viviendo una vida de ricos (con un presupuesto).

El regreso a Colón con Duke fue muy ameno y educativo así como la ida a la playa, Duke nos contó historias de su vida, como conoció a su esposa y como construyó su casa con la ayuda de sus vecinos; se veía mucha más pobreza cuando entramos a la ciudad, la zona franca parecía un campamento de la armada desde la autopista, la ciudad de Colón esta en muy mal estado; después que construyen un edificio y lo pintan hasta ahí llega nunca más lo vuelven a retocar algunos no los han pintado por casi cien años, en cada balcón se veía ropa colgada y gente; Duke nos advirtió que estuviéramos seguros, no mostráramos dinero y por esto nos dirigimos derecho del taxi a el bus expreso de nuevo el bus era oscuro con aire acondicionado y mostrando una película; mientras veía por la ventana del bus mire un mundo de cosas pasar mientras la vida diaria sigue en todas partes la gente vende, corre, ríe, grita por taxis, compra, vende, hay compras ambulantes y van a donde necesiten ir.

Hay dos países distintos en Panamá: el Pacifico (ciudad de Panamá) lado español y el Caribe (Colón) el lado negro; es una mezcla de racismo, orgullo falso, economía, y miedo que siempre estarán separados no muy lejos de mi propio miedo o el de muchos países, lo que es verdaderamente obvio en Panamá lo es en Estados Unidos sólo que las cosas son más sublimes en los Estados Unidos, somos muy ordenados en nuestras relaciones con otras razas, somos muy pretenciosos porque sabemos como hacer que las cosas luzcan bien en la superficie, supe que Colón no era seguro para nosotros a no ser por la protección de Duke lo que me entristeció.

Pasaron dos horas y ya estábamos en la Terminal del Bus en Ciudad de Panamá recateando por el precio de un taxi hasta el apartamento, todos los taxis tienen un precio distinto se necesita preguntar antes de entrar al taxi, le pregunté al taxista porque los precios eran diferentes de cuando llegamos, nos contó que era de noche y éramos dos los que necesitábamos un taxi, me pareció que es basado en los caprichos del conductor, le preguntamos a muchos taxistas hasta que el precio fue bueno muchos conductores tratan de tomar ventaja de la situación y cobran lo que quieren, los carros no tiene taxímetros por eso es un negocio extraño regulado solo por la honestidad del taxista lo que lleva a mucha deshonestidad. Cuando llegamos al apartamento la hija de Mario nos saludo ella enseña arte gráfico en una universidad local ella fue una vez candidata a el reinado de belleza en Panamá, era una mujer muy bella empezando sus años cincuenta, creemos que ella y su hija viven en alguna parte de esta casa tan grande, ella vio mis acuarelas de Colombia y Ecuador que las había dejado afuera para que Mario las viera quien también pinta, eran las ocho en la noche, Diana vio su telenovela favorita y muy pronto nos dormimos y soñamos con la playa que visitamos ese día.

Día séptimo: Esta mañana me levanté temprano escuché el ultimo ritmo de música tropical que los pájaros tenían para ofrecer en el balcón, la vida es muy buena, hoy caminaremos sin rumbo alguno hasta que encontremos algo interesante y con algún propósito, empezamos el día con el desayuno de cereal acá en el cuarto antes de salir le preguntamos a Mario y Cecilia donde queda el museo de arte, nos contaron de una exhibición en un banco a una cuantas cuadras, les mostré las fotos en el computador de Irlanda y los viajes de éste verano, fue como estar en casa de Diana con sus padres.

Planeé todo el horario de viajes para éste verano en Febrero, reservamos los pasajes de avión con seis o más meses de anterioridad para ahorrar dinero, los "viajes aparte" a Panamá y Ecuador fueron añadidos al horario con un poco de egoísmo de mi parte, sólo podíamos estar en Costa Rica por treinta días por la visa de Diana lo que nos dejo todo un mes en Colombia, esto era mucho tiempo para estar en la casa con sus padres, para Diana era tiempo de compartir con su familia pero para mi no lo era, no importa que tan amable son sus padres pero me siento encerrado en esa casa entonces el viaje al Ecuador, el regreso a casa, y el viaje a Panamá nos dio un tiempo en privado y tiempo para la familia, ésta última semana en Panamá fue muy fructífera para conocernos mas y aprovechar un poco de privacidad como pareja, además es un país donde Diana puede hablar español antes de llegar al "fuego" de aprender inglés, yo he experimentado el mismo problema de aprender otro idioma mientras viajaba a países donde se habla español, no es que la lengua es un solo problema, pero yo he probado por lo que ella ha pasado el último año, el hecho de no hablar el idioma donde uno vive no es mucha gracia, es como regresar de nuevo a la escuela, aprender y preguntar muchas cosas, Panamá es un alto en el camino hacia donde vamos, estamos muy cómodos porque es muy moderna, hablan español y suficientemente rústica para hacernos añorar nuestro hogar de calles y aceras pavimentadas, pero lo más importante es dejar a la familia antes de regresar en la rutina diaria de Nueva York.

 Este tiempo juntos nos ha ayudado para estar más unidos, sé que todo este verano ha sido una buena oportunidad para nosotros conocernos más, no es que yo sea temperamental pero tengo mis momentos de ira, ayer yo le di un mal momento por unos minutos bien largos "nunca escuchas lo que yo te digo " me grito ella, ¡uh! Me dolió el alma y seguí alegando bobadas de mi parte, lo bueno es que ella no contesta a mis alegatos, resolvimos nuestro conflicto más por su comportamiento que por el mío, ella es muy buena persona, después de traducir su ingles todo el día yo me cansó de tanto interpretar, muchas cosas se pueden tomar como críticas o fuera de contexto a lo que de verdad ella quiere decir cuando habla en inglés, muchas veces ella decía "oh tienes una razón" al principio lo tomaba como bolearle la capa roja al toro, me tomó unas cuantas semanas saber lo que me estaba diciendo literalmente y no tomarlo a la defensiva, me he vuelto más paciente pero me falta mucho para llegar allá.

Después de volverlo a intentar llegamos a la exhibición de arte del banco, no nos gusto las obras eran demasiado pesadas y un poco molestas, Rouault, el artista francés pintaba como si estuviera en el siglo pasado cuando usaba la línea negra para trazar los sujetos, el uso de la pintura era muy frenético y problemático, estoy seguro que alguien puede decir que mi arte es muy calmado y sin vida así es mi gusto y estilo.

Regresamos al café Internet y Diana llamó a su padre, yo revisé la cuenta del banco y no estaba nada mal teníamos un ahorro de dos mil los que no habíamos tocado, creo que gastamos en todo el verano como seis mil, lo sabré cuando regresé y vea las cuentas del banco el dinero que sobre lo usaremos para la construcción de un cuarto nuevo en nuestro apartamento, gastaremos el dinero muy pronto, ordenaré la madera y las paredes y estaremos listos para empezar casi todo lo que compramos era para decorar el cuarto nuevo.

Después de llamar a Colombia caminamos hacia el centro de Panamá y seguimos para el agua buscando el monumento a Balboa en el camino compramos un helado luego caminamos por una calle muy amplia que separa la playa de la ciudad cominos unos sandwiches que Diana hizo de tuna con vegetales, ella se inventa unas comidas que yo encuentro muy extrañas pero mi actitud sobre la comida es comer lo que haya y no botarla, me basó en la pobreza mundial, cuando la comida está en frente mío me siento afortunado de tenerla; la bahía era bonita cuando nos sentamos y una suave brisa nos refresco a pesar de que la temperatura llegaba casi a los ochenta grados; el agua del océano era de un negro mugre, olía a feo y podíamos ver los tubos del sistema de drenaje dejando su agua en el mar, la basura a la orilla de la bahía y en el agua estaba sucia y estaba abusando a "nuestra madre" los buques en el horizonte esperando para pasar por el Canal de Panamá se veían sucios y añadían al sentimiento que ya es hora de parar tan mal presentimiento de la forma en que el mundo está dañando nuestro más preciado tesoro el agua

En el monumento empecé a conversar con un joven le

pregunté si Balboa había sido un buen o mal hombre el dijo que no sabía le dije que los conquistadores no habían sido muy buenos con el medio ambiente y para la gente indígena el nos tomo una foto y empezó a conversar con Diana; el hombre tenía una esposa con cuatro meses de embarazo ella había sido inseminada artificialmente porque él tuvo un accidente mientras estaba en la academia de policía que le redujo el numero de los espermas, él recibe una pequeña pensión por su accidente, él había viajado a muchos países de Centro y Sur América el le contó a Diana que la gente de las islas de Colombia fueron los únicos que lo trataron bien él trabajó allá y dijo que la vida allá era maravillosa, él ha vivido en Costa Rica (Punta Arenas) por un tiempo también, su nombre era Victor, nos dijimos adiós y se fue trotando por la vía costera, cruzamos la calle y tomamos un taxi, muchos paraban con dos hombres, pero hicimos señales que no hasta que nos paró uno con una dama en la parte de adelante, eso sí era aceptable, ella usaba un uniforme de enfermera y llevaba un estetoscopio en su cuello esto hizo las circunstancias aún más aceptables.

Nuestra próxima parada fue regresar al centro comercial enfrente de la Terminal de Buses Nacional, Diana adora estos lugares, yo me crié en los sesenta y los setenta en el tiempo donde estos lugares eran considerados el trabajo del Diablo, éste es el más grande de Panamá y nada de diferente de cualquier centro comercial en el mundo, era de dos pisos y tenía todas las tiendas de marca, sólo había una tienda de artesanías panameñas y artículos para los turistas, será que éstos artículos tenían sabor local, la mercancía de las fabricas eran apretadas y mandadas a todas partes del mundo a estos centros comerciales, encontrar lo que la gente hace a mano es muy difícil aquí, terminamos caminando por dos horas y luego entramos a una película con Robin Williams sobre el matrimonio ¡ah! era en ingles, disfrutamos mucho de no estar caminando.

Después de la película tomamos un taxi para la calle de la costa en la bahía que va hasta el Canal de Panamá estaba cerca el atardecer, comimos una merienda muy maluca de empanadas (un pan aplanado y enrollado con pollo) con un jugo natural delicioso rápidamente nos dirigimos a ver un atardecer triste y opacado por lo que estaba nublado, a un lado de la carretera estaba el Canal y el atardecer al otro lado la bahía y la ciudad distante con sus luces y sus grandes edificios, fue muy romántico y la mejor forma de terminar la última noche nuestras vacaciones de verano, mañana iremos al aeropuerto a hacer fila y ver la gente estresada, nos sentamos y hablamos un pequeño "argumento" se desvaneció cuando Diana se sonrió de mis chistes y nos dijimos un pequeño pacto de amor entre nosotros, el taxista el mismo hombre que nos trajo, regreso como le habíamos dicho antes, el valor fueron cinco dólares.

El conductor como muchos que habíamos conocido era casado con una colombiana y tenía tres hijos, este hombre con voz suave nos contó como era vivir en las dos ciudades con preferencia de su tierra natal Panamá, la conversación fue en mi español malo y el adorado español de Diana, él había vivido en Bogotá por muchos años y estaba trabajando como un guardia de seguridad, él nos contó que la vida era más fácil en Panamá y que era muy caro y frió en Bogotá, tuvimos una grata conversación de política; hablamos de Chávez en Venezuela, lo ridículo de la guerra en Irak y la esperanza de un futuro en paz, nos dejo en el apartamento donde subimos, prendimos el televisor y yo empaqué las maletas, Diana veía su telenovela todas las noches, no me aguanto lo predecible de estos programas, las telenovelas duran toda la noche y es obvio que el hombre malo no se lleva a la chica, empezó a llover y el movimiento del ventilador nos puso a dormir.

Día octavo: Ayer era supuestamente nuestro último día en Panamá empacamos nuestras maletas la noche anterior, hicimos algo de turismo en el día y regresamos al apartamento como a las dos, a las cuatro la vagoneta llego y nos llevo al aeropuerto, en la mesa de registro la mujer dijo " no, ustedes tienen su vuelo mañana" no estaba claro lo que ella estaba diciendo, dijimos que teníamos las reservaciones y que no teníamos que esperar otro día, no, ustedes tienen que esperar hasta mañana, yo estaba ocupado pesando las maletas y Diana era la que hablaba, nosotros estábamos a tiempo la aerolínea estaba completamente correcta, pero habíamos llegado al aeropuerto veinticuatro horas antes, no era viernes como yo creía pero era jueves bueno mejor temprano que tarde, le pedimos disculpa a la mujer que nos atendió, arrastramos las maletas hasta la salida con la ayuda de un hombre que trabajaba para la aerolínea, él me ayudo a pesar las maletas y a distribuir el peso correcto en cada una y finalmente le pregunté si el trabajaba para la aerolínea yo ya había pagado a otro hombre con uniforme para que llevara las maletas en un carrito y este nuevo hombre resultó de la nada él me ayudo a mover las maletas y buscar un taxi el cual era un taxi/camión para que nos llevará de regreso a el apartamento, después de colocar las tres maletas en la parte trasera del camión le di tres dólares por las tres maletas, parecía enojado pero yo no estaba de humor para sentir compasión, si alguien me ayuda le doy un dólar por maleta él pensó que costaba más para mi el dinero extra y ser molestado por este hombre era más molesto que el error de llegar un día antes al aeropuerto, yo no le pedí por ayuda, yo ya le había pagado por la "verdadera" ayuda y ahora él me estaba dando una actitud del demonio.

El taxi/camión costaba la mitad de lo que le pagamos a el conductor de la vagoneta a quien reservamos una semana antes (José del taxi de Panamá, él fue el mismo hombre que nos recogió cuando llegamos a Panamá) el conductor del camión era un loco, manejo a través de los estacionamientos, lado de la carretera y se pasaba por todas las líneas de carros hasta el lado opuesto de la calle hasta llegar a donde íbamos, puso la música a todo dar en su carro porque Diana dijo que era su cantante mexicano favorito, algunas de sus tácticas ahorraron tiempo pero la mayoría de ellas hizo el viaje más largo porque nos quedábamos parados en los estacionamientos en vez de usar las calles, también nos cobró un dólar por usar su teléfono móvil, se me olvido sumar esto cuando le pagamos los quince dólares a lo ultimo de nuestro viaje, el tráfico era muy malo a esa hora del día.

Nos tocó llamar a Mario con el móvil desde el taxi y él estaba en casa cuando nosotros llegamos de regreso a el apartamento, le di al portero algún dinero por ayudarnos y estuvimos de regreso en nuestro cuarto a las dos horas, pero dos horas y cincuenta y dos dólares después, también llamamos a José de nuevo y le explicamos el error, decidimos usar el primer servicio de taxis a pesar de que era el doble de caro; José, Mario y Cecilia todos me preguntaron si estaba saliendo en el día correcto, a veces tengo la cabeza de toro y no pienso en sus chistes tan graciosos, pero ellos estaban en lo correcto.

La comida en el restaurante Chino fue deliciosa, Diana llamó a su madre la cual le preguntó como era que estaba llamando del avión, fuimos a una tiendita donde compramos desayuno y algunos víveres, usamos la mitad de la comida China y el resto de la comida para el almuerzo del siguiente día.

Día noveno: casi no hicimos mucho en este día, caminamos millas en la mañana y tomamos taxis en la tarde, esta vez empezamos el día explorando la ciudad a pie, el calor era mucho y apenas eran las nueve de la mañana, vimos un centro comercial muy grande, éste era el centro comercial más caro de la ciudad, los otros dos que visitamos no eran exclusivos, era muy temprano y no había nada abierto entonces nos sentamos y nos enfriamos en el aire acondicionado, esperamos por un batido y tuvimos una conversación larga con el guardia de seguridad, nos contó donde ir y que ver en nuestro último día.

El lugar donde nos dirigimos era parte de la ciudad yo lo había visto en el bus cuando regresamos de Colón, no era un centro comercial pero si una calle de comercio eran cuadras y cuadras de tiendas al aire libre con pequeñas mesas vendiendo mercancías en los bordes de las aceras habían reparaciones de zapatos aquí y allá y mucha gente vendiendo boletos de loterías, me gusto bastante le dije a Diana que esto es mucho mejor que un centro comercial, nada era predecible cada toldillo era una descarga de estimulación para mis sentidos yo estaba en mi salsa y Diana aguantó conmigo, era sucio y un poco peligroso, la gente era pobre y hambrienta y nos miraban como si estuviéramos volando dinero encontré la calle de los vegétales muy interesante, la papaya más grande que he visto estaba en una caja de madera abierta con moho creciendo en la parte madura de las heridas de la fruta, nada estaba en la nevera y no se veía limpio pero al mismo tiempo era natural y saludable, las hiervas y las especies todas estaban tiradas al aire libre y daban sus fragancias de saludables, éste es el verdadero mundo, así es como el resto del mundo vive y sobrevive cada día y no tiene un millón de normas de salud para preparar la comida, me gustaría una comparación honesta en enfermedades y muertes entre los dos mundos, en el mundo desarrollado matamos la gente en los hospitales con infecciones y con la comida fumigada pero cuanto peligro hay en estos mercados al aire libre, cuanta carne pintada y retirada del mercado viene de las plantas procesadoras versus los viejos mercados del mundo.

Salimos del mercado al aire libre, caminamos unas cuadras a la calle que corre por la bahía y nos encontramos de regreso en el monumento de Balboa seguimos caminando más allá al parque donde habíamos almorzado ayer y nos sentamos en unas rocas del pequeño y alto embarcadero arriba de la bahía, hicimos el almuerzo con un pan que compramos en la tienda, algo de queso y chorizos, nadie nos molesto mientras nos sentábamos en la sombra y mirábamos el agua sucia de la bahía, le di a un hombre delgado lo que no nos comimos y nos dirigimos a una pared que corre a lo largo de la bahía debajo de un árbol grande, caminamos y hablamos por una hora mientras Diana me acariciaba mi cabello, me acosté en un muro a lo largo mientras tres jóvenes jugaban a Tarzan y se balanceaban de las largas ramas que colgaban del mismo árbol, unos cuantos hombres estaban durmiendo en la mismo muro un poco más abajo aparte de ver el agua tan sucia de la bahía estábamos en el cielo muy pronto estaremos en un avión. Día décimo: creo que hoy es nuestro último día en Panamá, las maletas están repletas, lo que compramos hoy lo tendremos que llevar en la mano junto con el pesebre que ya lo llevábamos en la maleta de mano, será mejor que nuestro "último día" ayer el cual fue muy especial.

Son las últimas horas antes de salir de Panamá, estoy en el aeropuerto escribiendo, ya pasamos la seguridad del aeropuerto y el examen de nuestras maletas que se habían pasado dos kilos pero la mujer no dijo nada, yo había arreglado dos maletas cambiando las cosas de un lado a otro, la peor ofensa para el peso fue un libro de Diana que pesaba como tres kilos por eso cambié alguna ropa entre las maletas; por eso me gusta la aerolínea Copa entre otras razones por dejarnos pasar algunos kilos de más en nuestras maletas, son muy profesionales y buenas con la gente.

En la mañana fuimos al café Internet para conseguir el teléfono del taxi en Nueva York la mujer que atendía allí nos contó sobre su hogar en la isla la conocimos la noche anterior en el mismo negocio de Internet, su inglés era perfecto que le pregunté de donde era ella, "de la isla de Roatan" yo nunca he oído de ese lugar antes es al norte de Honduras; nos mostró la foto en el Internet y nos contó que en un año pensaba regresar a su casa y empezar su propio negocio, se veía muy bonito, ella nos dijo que el segundo arrecife de coral más grande del mundo estaba allí, así es que yo me informó para mis futuros viajes, pequeñas informaciones se quedan en mi memoria y luego añado las coincidencias y juego algo así como una ruleta que es basada en referencias de extraños.

Salimos de la tienda y tomamos un taxi para el museo de arte contemporáneo, en el momento que entramos por la puerta reconocimos las fotografías de la misma exhibición que habíamos visto en Bogotá de noticias fotográficas del mundo, la quería volver a ver esta vez nos toco pagar pero no me importó; las fotos convincentes me enfermaron por la descripción gráfica de la guerra ¿Cómo pueden los humanos ser tan crueles? Uno cree que las fotos podrían causar impacto en la gente de lo malos que somos como especies, ¿puede el arte cambiar el mundo?

Empezamos a caminar por una calle sin aceras entonces le dije a Diana que cruzará para un sitio mas seguro, mientras caminábamos vimos una tienda que había visto muchas veces desde adentro de los taxis en esta misma ruta; la tienda se llamaba "la casa de las telas" entramos y ciento cincuenta dólares más tarde salimos, encontramos manteles y telas que eran súper baratas y de mejor precio que en los Estados Unidos, ellos también hacían mallas (las telas hechas por los indios panameños) todos los precios eran mejores que los que habíamos visto en las calles que vendía los indios, compramos más manteles hechos a mano y ropa de mesa que era muy bello, era la oportunidad de comprar cosas que tendremos de por vida, el único problema es que no tenemos una mesa grande del comedor y ni siquiera tenemos una mesa para comer en la cocina de nuestro pequeño apartamento, tal vez algún día quien sabe como estemos de bien, el plan es que Diana terminé su profesión de nuevo para que sea una profesional en los Estados Unidos; el ultimo día nos costo doscientos dólares, pero encontramos una mina de oro, el hombre que nos vendió los productos era de la India, hablaba inglés perfecto y español , nosotros compramos unas camisas bordadas a mano, eran a veinte dólares cada uno, trajimos muchos regalos para nuestros amigos en navidad.

    El vendedor de la tienda nos advirtió que no fuéramos al área llamada Santa Ana, de alguna forma el tema de donde ir después salió a relucir, íbamos para la vieja ciudad, nos dijo que no era seguro en la catedral a la cual íbamos a ir después, él llamó a un taxi que nos llevo por la carretera elevada que recorre todo el canal, habíamos estado ahí dos noches antes, ésta vez entramos a las tiendas luego de sentarnos en el borde del agua y comer lo que nos sobro de la comida china nos sentamos en la arena caliente mirando a los buques luego caminamos por el agua y encontramos un hermoso árbol de albaricoques, la brisa estaba perfecta y la temperatura mucho mejor en la sombra, podía ver que alguien se había sentado allí antes a comer albaricoques frescos recién recogidos y dejando muchas semillas en el piso; los buques grandes iban y venían por el canal, sentarse a mirar los barcos me regreso al tiempo, por muchos siglos los humanos viajaron en barcos a tierras muy lejanas, la nostalgia de esos tiempos está impregnada en el Canal de Panamá, Como todavía teníamos hambre nos fuimos para un restaurante y ordenamos arroz con yuca frita, en muy poco tiempo ya estábamos en un taxi para ir al apartamento, cuando llegamos Mario nos contó que el conductor del taxi José había llamado para decir que nos iba a recoger una hora antes, estaba bien conmigo, de todas formas contábamos con una hora más, en media hora nos bañamos y estábamos listos para irnos, nos despedimos por segunda vez y llegamos al aeropuerto con cuatro horas antes de la salida.

Le hable a Diana de lo importante que ha sido para nosotros salir y estar éste tiempo juntos, ha sido una prueba para nuestro matrimonio, el viajar es una verdadera prueba para el carácter y una doble prueba para una relación, creo que el viajar reta y amarra el amor juntos, el hecho de viajar es bien tensionante, está lleno de incertidumbres y a veces sale y sale el miedo, nuestro radar tiene que estar constantemente mirando a la gente a sus ojos porque así es como medio boleto para estar seguros, leer el carácter de los conductores por el espejo retrovisor o por el sonido de sus voces es crucial, saber cuando cruzar la calle y saltar el tráfico juntos crea un ritmo de estar juntos, creo que todas las personas son por instinto viajantes.

Una de los momentos más incómodos con Diana es cuando ella es miedosa o tiene miedo cuando nada malo esta pasando, un día ella se fue para donde la policía a preguntar si era seguro el lugar donde nos dirigíamos" si busca problemas los problemas te encontraran" el policía le respondió; lo mismo pasa con el miedo, sólo me han robado una vez y con eso tuve para aprender la lección en mi vida, deje una bolsa a unos cuantos pies mientras era distraído por otro grupo de ladrones uno habló mientras otro se llevaba mi bolsa con todos mis cosas valiosas, el taxista que nos trajo del aeropuerto al apartamento anoche era un hombre de poco carácter por eso decidimos gastar quince dólares e irnos con la persona que ya conocíamos, un hombre que maneja como un maniático y suena su pito a una mujer en la calle no es de fiar por segunda vez, nos toca evaluar la gente y juzgar continuamente a la gente como si fuera un negocio futuro, es buena suerte, karma y conocimiento lo que nos guía a través de la vida.

No puedo pensar en una persona mas placentera para estar que Diana, ha pasado un año y cada vez somos más y más pareja cada día, me siento honrado y con suerte de haber encontrado éste regalo, las apuestas y los riesgos han valido la pena, el año entrante esperamos ir a Europa; Diana siempre ha soñado con ir a Italia y Grecia, ahorraremos dinero y compraremos los pasajes en

Diciembre, mientras estoy sentado escribiendo en el computador Diana me soba mis pies descalzos, ¿qué tan afortunado soy? ¿ qué extraña es la vida? Hace como dos años estaba destrozado por haber terminado una larga relación, esto es sólo el comienzo de nuestro amor ¿qué más puedo pedir? creo que mas allá de mis sueños, salimos para nuestro hogar en una hora.

CAPITULO 15: NAVIDAD EN COSTA RICA

Hemos estado en Costa Rica por dos días es nuestra segunda mañana y nuestra maleta está perdida; lo que más me preocupa es un equipo de motocicleta que le compré a mi amigo José pues nuestra ropa estaba acá en el apartamento guardada, tenía el cargador y los bafles del iPod en esa maleta, pero el resto no era tan importante.

Cuando llegamos José estaba en el aeropuerto, camino a casa paramos en un restaurante con la joven niñera que le cuida su hijo, cuando estábamos sentados José y yo discutíamos karma instantáneamente, discutamos todos los aspectos espirituales importantes en la vida, estoy leyendo un libro sobre religión y como está destruyendo el mundo, hablamos de todo como dos buenos amigos, todos estos años hemos creado una buena camaradería, yo necesito que necesito tener un amigo otro hombre para conversar sobre mis aspectos espirituales a veces sólo necesito llamarlo desde los Estados Unidos para hablar , me siento muy relajado cuando le habló sobre mis problemas de trabajo o de algo que me molesta, acá en Costa Rica tengo éste amigo que me recarga las baterías porque compartimos todas las filosofías sobre los cambios, nos tenemos que concentrar en nosotros mismos, siempre me lo recuerda.

En la noche nos sentamos a ver el atardecer en la playa en un palo ,por lo general José nos acompaña , el tiene un hijo que vive aquí en Costa Rica pero en este momento su bebé Kailani está en California con su madre, visitando la familia de esta en los Estados Unidos. Mire a José y su cara reflejaba alegría por estar ahí sentado mirando el atardecer con nosotros al mismo tiempo veo como Diana y él se han vuelto buenos amigos ¿ a quién no le gusta Diana? Siempre lo digo ella es llena de energía y vida y pienso que ella tiene muy buenas cualidades y se lo dijo a ella también ya que las reflexiones internas son muy importantes para construir y mantener el amor, Diana siempre me reprocha lo mal que a veces me he portado con ella durante éste año le explico que me porte así del miedo que tenía con una relación tan nueva pues no nos conocíamos realmente cuando nos casamos, ya no me siento tan molesto con ella, ya tengo mucha más paciencia.

Hoy le dije que no me cocinará tanta comida me gustaría sentirme que yo controló mi propia dieta porque cuando ella cocina es casi siempre el doble de lo que yo puedo comer a mi me toca trabajar el doble para mantener mi peso ideal, se como es de fácil comer a deshoras veo que Diana hace eso y le alegó, es una comida secreta que todos hacemos detrás de las espaldas de otros, yo como a deshoras y se que necesitamos apartar la comida de nuestro paso para evitar comerla, lo más importante acá es saber que necesito consumir, no es fácil salir de nuestras debilidades que lentamente nos están matando Diana sabe que yo soy honesto con ella sobre este tema que nos concierne a los dos.

Siempre hemos conversado del por qué nos casamos tan rápido y ella me ha dado tres razones: la primera, ella era ya muy vieja en su país era una beata "en mi país si no estas casada a los 28 años ya nadie se quiere casar contigo" la segunda, ella se enamoró de mis palabras en los correos electrónicos aunque yo utilicé el programa de traducción del computador que enredaba las cosa más pero mi verdadera personalidad salió a relucir, en lo físico yo era muy viejo para ella pero verdaderamente mi personalidad estaba brillando ya que lo más importante es lo que tenemos por dentro lo de afuera es sólo eso, lo físico, el estatus económico y el trabajo no son lo que el carácter significa, soy afortunado que mi alma fue descrita en esos correos electrónicos; la tercera, el trabajo que ella ya había aplicado en Nueva York: ella ya había pensado en venir a Nueva York creo que fue como mi pensado de tener una joven amiga con su hijo acá en Costa Rica antes de conocer a Diana, yo era amigo de una mujer más joven que yo y estaba aprendiendo español estaba conociendo a la gente (solo el verdadero conocimiento viene con el matrimonio no con la amistad) solo sé que Diana y yo nos gustamos y todavía nos estamos gustando, en la noche ella me dijo que siempre estamos muy ocupados en Nueva York que el tiempo en este viaje a Costa Rica sólo debe de ser únicamente para nosotros dos una mujer que sabe mantener el amor vivo es todo para mi.

Diana reza mucho: al principio creí que me había casado con una monja porque ella siempre esta murmurando algo aún cuando se levanta en la mañana, lo primero que hace en el carro es empezar a murmurar una vez le pregunte por fin ¿qué es lo que dices? pensé que estaba meditando sobre sus problemas tal vez eso es lo mismo que orar, pero me da cierta paz saber que ella tiene un vocabulario espiritual a toda hora por mucho que yo odie la religión veo que es muy necesario tener siempre un dialogo con Dios o como uno decida llamar la energía que nos tiene donde estamos.

La religión Católica me da mucha rabia pero soy muy tolerante con ella en este aspecto, no veo lo bueno que sería demostrarle a ella hipocresía, le habló pero no la ataco creo que lo mejor es respetar sus creencias aunque no este de acuerdo con ellas, mi fe es "ecléctica" comparada a la de Diana que es un poco ingenua esto puede sonar un poco arrogante pero yo he estudiado otras perspectivas de creencias y he visto muchos paralelos y no una sola respuesta tal vez eso sea "ingenuidad" es un estado puro de adoración yo no lo sé yo veo una respuesta muy compleja, Diana tiene una manera mucho más simple.

Yo estoy seguro que Diana cree que María era virgen y que Cristo es el hijo de Dios; yo creo profundamente que no hace alguna diferencia en la cualidad de vida de una persona si esta cree que María era virgen o no lo era ¿será que el creer en el nacimiento de María los hace mejores cristianos. Cómo ésta creencia me hace una persona mejor? Además, ¿Cómo hace la religión para decirme que me voy a salvar o me voy a condenar basados en una simple doctrina? El trabajo de mi vida, cómo trato a los demás y las influencias mías en otros es asunto del creador y mío y de nadie más, veo en todas las enseñanzas como una manera de hacerme mejor persona y más consciente; para mi y este es un concepto muy personal la Trinidad es Krishna, Buda y Cristo; cuando le cuento a Diana que creo que todos los dioses son el mismo Dios ella se encoge, mi cinismo sobre el catolicismo me llevo a creer de una manera diferente, mi promesa es que yo mantengo más la pregunta que la respuesta, además y lo más importante es que si hay un Dios ese Dios quiere que yo pregunte todo, lo mismo que si ella (como mujer) ha existido.

Estoy cansado con la pretensión de "la gran cualidad" de ser algo mejor ¿mejor de qué? El espectro de este estado de mierda va de la religión, economía y los estándares de vida; quien dijo que la comida que una mujer de barrio cocina en la playa es de peor calidad que la de un chef en un restaurante francés, la naturaleza de la verdadera cualidad es un mito para mi, yo veo todo este despliegue publicitario en el arte, la televisión, la religión, música y la literatura usted diga, el arte fino es una propaganda para que los adinerados muestren sus riquezas es prostitución a alta escala con nombre de marca, estoy harto de todo el despliegue de publicidad que viene con la pasta dental de mejor sabor y el mejor restaurante hasta el mejor gobierno (que mata en nombre de la democracia) muchas de las ideas y los productos han sido dañados con el pretexto de "refinamiento" ¿Por qué un piso limpio en un restaurante barato es más malo que uno de baldosas de mármol italiano? La comida se convierte en desecho no importa cuánto se pagó por ella, y lo repito por ultima vez es mi opinión ,mi manera de pensar, de ver la vida y esto no me hace mejor , o peor , solo me hace ser mas yo.

Encontré a mi esposa en un lugar muy remoto estaba buscando una situación sin mucho despliegue publicitario, ella cumplió todas mis expectativas, no quería conocer algo de clase alta, estándar alto, solo una persona normal, porque para mi el criterio de "clase"; no existe, para mi hay un estado de ser ,en vivir una vida que no tiene nada que ver con pretensiones o evaluar estatus; en efecto mucha gente en el mundo vive de esta forma, el problema que veo es que las nuevas generaciones no saben la diferencia entre supervivencia natural y la vida con innecesarias expectaciones, el molde ha sido fundido por la televisión y las películas que entretienen y no son reales, la vida se debe basar en expectaciones reales así como la verdad en una ceremonia de matrimonio simple.

    Tal vez no estoy escribiendo mis palabras lo suficientemente claras porque la hipocresía está en todo lo que hacemos y decimos, pero hay una verdad simple muy importante que necesitamos encontrar en nuestras vidas; una boda costosa es un buen ejemplo de como las parejas empiezan mal, por querer lo "mejor" la gente joven lucha para ser pretensiosos de tener dinero, usar una limosina y una fiesta cara por un día es una fantasía de como la gente adinerada vive, la presión para tener estos lujos es abrumador y una situación muy triste ¿Quién puede mantener este nivel de pretensión? éstas ideas falsas empiezan con la ceremonia de boda y pronto se transmite a la compra de una casa y así sucesivamente, es imposible tener todo lo que uno necesita, pero ¿Quién en la sociedad americana te está diciendo que hay límites reales en lo que uno puede tener en esta vida? Desde los comerciales de televisión hasta las propagandas del gobierno no hay límites a nuestra libertad y a nuestras aspiraciones económicas, el cielo es el limite mientras nos ahogamos en deudas, el cielo es el limite cuando violamos el medio ambiente, la trampa de la América moderna es que el dinero es una falsa ilusión, las parejas jóvenes comienzan con ceremonias muy costosas gastan como si lo tuvieran todo pero no tienen nada, abusamos de los recursos naturales como si fueran de nosotros y no lo son, estoy muy orgulloso de decir que mi boda costo sólo mil dólares y no estoy orgulloso de los juzgamientos de las personas que sepan esto pero estoy libre y sin ninguna deuda y lo mismo pasó con mi luna de miel, no nos gastamos lo que no teníamos, me tocó aprender esta lección a través de la manera más dificil mi propia experiencia.

    Me acuerdo que me fui para un hotel local cerca de Nueva York, el cuarto nupcial costaba trescientos cincuenta dólares la noche, le conté a Diana y ella no quería gastar tanto dinero, yo estaba presionado por un amigo a "ve y dale la noche que nunca se le olvide" bien, nos quedamos en casa, esparcimos pétalos de flores en la cama, prendimos velas, la unión fue real y las grandes expectativas las dejamos afuera del cuarto puede sonar que estoy exagerando pero el reconocimiento verdadero es el conflicto de "mantener" las cosas reales y simples chocan contra el dedo de lo que es costumbre y esperado; es como cuando alguien compra arte porque saben que algún día van a valer mucho versus algo bello que gusta a sus sentidos algunas personas no pueden ver o sentir la belleza sin sentir la capa extra de fingimiento, el dinero es corrupto; el objetivo real de el dinero es cuando los placeres son simples y directos.

 Cuando yo era joven le hacia a mi madre sus tarjetas para el Día de la Madre, mi padre me tildaba de avaro porque no gastaba mi dinero en una tarjeta de Hallmark, yo quería demostrarle a mi madre que el tiempo que gaste haciendo la tarjeta era un acto de amor éste era mi motivo personal, mi padre nunca entendió mis fines estéticos y hasta estos días el argumento que tengo con sus valores retumban en mi forma como dirijo mi vida, ese conflicto me ha dado una premisa que hasta este día es mi credo, me siento liberado por mi libertad de dejar, negar y revelarme contra la cultura que está basada en ilusiones falsas, a pesar de que Diana y yo nos llevamos veinte años de diferencia, sus raíces colombianas son aquellas de igual valor ¿Qué tan afortunado puede ser un hombre? atribuyó mucho ser tan conciente a sus practicas espirituales y a su conciencia al verdadero valor del amor y generosidad, yo he hecho lo suficiente por mantener mi vida sincronizada y Diana me inspira a ser más.

 Aqui en nuestro cuarto en Costa Rica, me levante muy disgustado y luego prendí la televisión para ver que Bhutto fue asesinada en Pakistán, viví en Pakistán cuando su padre fue presidente, mas tarde el fue asesinado y colgado por los militares, una bomba suicida la mató a ella, que mundo tan perverso donde asesinar es de locos, tengo mucha afinidad con la gente de Pakistán porque en el tiempo y la edad en que yo viví allí el odio por los occidentales no era como ahora y vi una ciudad que estaba llena de promesas y empezando a ser más moderna, yo salía libremente y sin ningún miedo, tenia tantos problemas con mi padre que mis aventuras allá eran una buena forma de mantenerme distraído lejos de mi familia, la guerra estallo y nos evacuaron a Teherán, Irán por unos meses por eso me siento sensible a este país que me trae buenos recuerdos de ese tiempo tan importante en mi vida.

Mi enojo se empeoró por un desacuerdo entre Diana y yo, a veces ella no entiende mi inglés y pierde el hilo de lo que yo le intento decir es bien complicado a, otras veces yo estoy en el lugar equivocado, ayer fue una perdida total de tiempo y energía porque usamos todo el día para ir por nuestra maleta, ésta estaba en el aeropuerto, allí se tomaron mucho tiempo para entregárnosla, estaba en el aeropuerto desde que llegamos de Nueva York y nos toco esperar tres horas por el próximo bus a Jaco, fuimos a un restaurante Chino y luego fuimos a una iglesia para descansar por un rato, Diana fue a comprar uno antibiótico porque tenía una infección en la garganta y una gripa muy fuerte.

El desacuerdo fue acerca de cambiar la decoración en mi casa de Costa Rica mejor dicho Diana quería organizar unas cuantas cosas: Ella quería cambiar una lámpara que esta colgada sobre la mesa del comedor la que me dio mucho lidia colgar a un cuarto en la cual estuvo colgada hace como un año, uno de los grandes problemas en el matrimonio han sido mis cosas versus su gusto, ella llego con dos maletas y el resto de toda la casa era mía por eso ella decidió sacar la mitad de mis cosas porque vio mi casa muy ocupada y apretada, admito que estaba llena de cosas pero necesitaba que me consultarán primero en lo que se refiere a los cambios, el día que ella hizo el cambio era el mismo día que yo estaba ocupado en el techo nuevo, creo que lo hizo a mis espaldas cuando no la estaba mirando entonces ella empezó a mover esto aquí, bajar algo y por eso me enoje por unos minutos, a ella no le interesan mis deseos, ella quiere lo que ella quiere luego me acusa de dominar la decoración de la casa, su reacción es peor "cuando yo tenga mi casa y mi carro haré lo que yo quiera, no tendré en cuenta tu opinión , por que tu ignoras totalmente la mía."

Yo le abrí mi vida entera y mi casa y ella se toma todo el

control, es un área sicológica muy difícil de manejar, no es el final de esta lucha pero hoy me hice sentir, le dije que dejara las cosas como estaban antes, yo nunca entraría en su cuarto en Colombia y le arreglaría todo; lo veía así de simple, sí ella se necesita sentirse como en su casa pero necesito que me diga lo que piensa hacer y respetar mis deseos, ella me dice que en Colombia las mujeres deciden todo lo del hogar, yo creo que un hombre puede cocinar y decorar lo mismo de competente como una mujer.

Hemos visto o nos han visitados muchos amigos hoy: José vino en la mañana y luego vimos a una mujer y su hijo que viven acá en el complejo, luego Oscar el hombre al que le compré el condominio vino cuando Diana estaba en la playa , él regresará más tarde también vimos otro hombre llamado Al ,el caminaba por acá y entró a la casa él tiene 62 años es jubilado y se caso con una mujer de Costa Rica, ellos tienen un hijo de nueve meses yo le conozco hace tres años, él es de California y trabajó para la cámara de comercio; Al escribió una novela de misterio y vendió lo suficiente como para partir de los Estados Unidos después de publicarla él mismo, él ha tenido dos hijos con su mujer de Costa Rica y vive en San José pero tiene una casa de verano en el mismo condominio acá en Jaco, el primer día que nos conocimos hablamos en el sauna por casi una hora, nos entendimos muy bien; los condominios de aquí tienen toda una lista de características que yo he conocido en todos estos años, ellos son mis vecinos, mucha gente viene y se va pero los dueños y los pocos que rentan son más bien de presencia consistente, muchos de los americanos que viven en Costa Rica son de mala muerte, hay muchos "drogadictos' acá también gente que viene acá por lo fácil y barato que es la droga.

La vida baja de las drogas esta presente en el estilo de vida de muchos jóvenes americanos que llegan acá a quedarse, los trabajos no pagan bien pero la renta y la droga son baratas, es un problema al que los verdaderos trabajadores americanos no están acostumbrados, el que trabaja duro y paga sus impuesto, la gente con orientación hacia la familia está muy ocupada trabajando para encontrar tiempo para caer en la trampa de las drogas, mientras más viejo me pongo más veo el abuso de las drogas como un problema real en la clase media de América, las drogas son un rito de pasar de joven a adulto pero en los barrios pobres es una cuestión de vida o muerte, si la persona que vive al lado mío es drogadicta a mi no me importa, los he visto inyectarse en Amsterdam y fumar marihuana en las playas de Jaco, no puedo llamar a la policía porque muchos la usan en forma recreativa mientras que otros que son grandes abusadores están hiriéndose ellos mismos y a otros además la situación es muy ambigua para mi el llamar la policía cuando la policía forma parte de el problema como los adictos; yo diría construyan casas de rehabilitación y no cárceles, sé que en el futuro este problema social será manejado de una forma más humana, me consideró con suerte porque nunca fui arrestado cuando fumaba marihuana pero realmente no veo el daño en esto si nadie se hace daño a si mismo o a los demás, lo mismo pasa con el alcohol y el cigarrillo; Jaco no es el cielo de la droga como lo es cualquier lugar, este pueblo o los Estados Unidos, está aquí porque la cultura de la vida baja de las drogas está en todo el mundo, cuando el gobierno pare de prohibir éste comportamiento y ponga impuestos en éstas sustancias entonces el mundo será un lugar seguro (le parecerá muy irónico a mucha gente pero es la verdad).

    Hoy fue viernes diciembre 28 y tuve un pequeño altercado con José porque no me ha pagado el dinero por los artículos de la motocicleta que le traje pasaron dos días y le pregunte por el dinero, su respuesta fue que él no lee la mente y yo le tengo que acordar, además el no debió de tomar las cosas de la motocicleta sin darme el dinero inmediatamente, sin preguntarme "quieres el dinero" es sólo una tontería, me había aguantado mucho con este problema pero le dije que no estaba viviendo muy integralmente, éstos ataques nunca trabajaron muy bien, también estaba usando la "diferencia de culturas" como excusa " somos como familia por eso pensé que estaba bien" y yo " estaba bien cuando lo dije anoche ,pero no tengo mucho dinero hoy y no estaba bien en el momento en que saliste esta mañana sin pagar" en mis libros si usted le hace un favor a un persona que se lo pidió, esa persona no le da la espalda a uno y no le deja la responsabilidad de estar constantemente preguntando por el pago del dinero por lo que usted le había comprado con anticipación a esa persona.

Me imaginaba que el no tenía el dinero y hasta estaba pensando en preguntarle por las cosas de la moto hasta que tuviera la plata, él también nos dejo esperando por dos horas para ir a una playa que él nos había recomendado, sé que soy muy compulsivo pero si yo digo algo a alguien o propongo una aventura o si no puedo cumplirla les dejo saber que fue lo que pasó; el verano pasado cuando estuvimos aquí en Costa Rica tuvimos muchos días que José me dejo esperando y llegaba con muchas horas de retraso y peor aún cancelaba lo que habíamos planeado, sí la forma Tico (forma como llaman a los de Costa Rica) no es la misma forma de los americanos las cosas son más relajadas aquí además me da rabia cuando me dicen "ésta es mi cultura" y somos muy diferente a ustedes, la palabra es la palabra y mantener tu palabra es importante en cualquier país, si yo no hubiera cumplido mi palabra y no le hubiera traído las cosas de la moto y él estuviera muy desconcertado conmigo, ya todo paso y sé que yo tenía la razón y él me pago ,pero pudo haberme preguntado "quieres tu dinero" muchas veces las cosa no tienen sentido el me dijo "te gustaría que yo te pagará tu dinero, yo dije que te lo pagaría" que idiota, por eso le hice el reclamo en la vida se deben cumplir los compromisos ; a veces esto es lo que los amigos necesitan hacer, amantes, amigos y esposos todos tienen que trabajar en no ser tranquilos y mantener su completa integridad; eran veinte minutos de viaje a la playa que íbamos y muy pronto se acabo la tensión y terminamos riéndonos, pasados algunos minutos hablamos de lo importante que es mantener nuestra buena relación.

Sé que no puedo controlar mi temperamento, a pesar de que no manifiesto toda mi rabia, cualquier pequeñez afecta mi ira, le estaba comentando esto a Diana y ella fue lo suficientemente honesta de estar de acuerdo conmigo y continuó hablando sobre otros de mis pequeños problemas, tan amable, acepto las criticas pero no me gustan, cuando estábamos intercambiando nuestras diferencias José me decía que era "usted (yo) realmente" y no yo que tenia que ser muy puntual con el pago, le compré cosas en los Estados Unidos antes de esto y nunca tuvimos ningún problema le conté como me vuelvo de inseguro cuando se me acaba el dinero como me pasó hoy, hice muchas compras hoy sólo me quedaban veinte dólares, una de las compras fue un collar para mi sarcástica esposa, lo otro fue cemento para el techo, esperar por la gente parado en una fila y ser criticado son mis cosas favoritas.... Odie este di lleno de criticas y disgustos y para restar sin un centavo ¡no!

Hubo un momento en que Diana estaba hablando con Eric, el jefe de seguridad en los condominios, ella continuaba diciéndome algo en español que yo no entendía, lo dijo tres veces y a lo ultimo me enoje "dilo en ingles" lo tomé como un gesto muy rudo que me dejaran fuera de la conversación y ponerme en una posición de hablarme en un tono condescendiente por el solo hecho de no saber español, le hice el comentario mientras íbamos en bicicleta a la playa, cuando venimos a Costa Rica o a Colombia ella me habla casi todo el tiempo en español (es una clase de reacción de que siempre hablamos inglés en casa) cuando ella habla español yo me pongo muy contento y por eso me ocupó en otra cosa para que ella pueda hablar con Eric, sé que ella necesita amigos y sé que ella necesita hablar su idioma, ella siempre balbucea cuando no puede hablar su idioma, el zapato esta en el otro pie cuando yo estoy aquí en un país hispano yo quiero aprender español así me podré comunicar mejor con mi esposa y mi única oportunidad es cuando me veo forzado en esta situación en Costa Rica o Colombia, cuando hablo soy mejor en proyectar lo que quiero que en entender lo que me están diciendo.

Me fui en bicicleta para la ferretería ayer, sabía la palabra en español para residuos pero no para el químico para limpiar las cañerías y para darme a entender les dije "caca" y me tape la nariz, también se rieron de mi por mi uso cruel e inmaduro del español pero funcionó, me gusta el reto de tener que comunicarme cuando estoy aprendiendo español ¿en qué punto una persona habla el lenguaje? es como unos pasitos de bebé o es sólo cuando la persona lee bien el periódico, yo diría las primeras palabras se pueden clasificar como "hablante" una justificación "habla usted español" "no, pero si usted murmura algunas palabras en lugar de palabras usted no sabe, así trabaja, a parte de entender un lenguaje aunque no lo hable el lenguaje del cuerpo y el conocimiento de como esta estructurada una conversación.

 A veces escucho a Diana y sé que soy la única persona en la tierra que habla su idioma tan extraño sé todas las palabras que pronuncia mal a veces me toca decirle que ella no esta hablando inglés, no voy a decir mentiras y decir que es muy fácil, hablar un idioma diferente al de tu esposa es algo que nunca pensé en un millón de años que sería un problema, a veces no tenemos la menor idea de que es lo que la otra persona esta diciendo, por supuesto es mi habilidad creativa lo que me ayuda, puede ser parcialmente verdad, pero la atracción mutua es la llave para esta relación, somos una pareja muy dispareja que da a mucha gente de que hablar pero de verdad debe de haber algo más que atracción y disfrute, es una necesidad mutua y el sentido que vamos a algún lugar juntos en la vida y que estamos cumpliendo nuestros propósitos.

  Tan cerca que llegó a que no pasará el año pasado, este matrimonio en si ha sido un gran reto tras otro, hablamos de nuestro futuro y como queremos ciertas cosas, ella quiere ayudar a sus padres y tener hijos, sólo puedo estar de acuerdo con la mitad de sus ideas, Diana atraviesa por distintos estados sobre querer hijos a veces acepta mi negativa, noté que el tema de los hijos siempre se conversa cuando es tiempo de ella ovular, es biológico no la puedo controlar, ella me pregunta por nombres de varones, el nombre de la niña es Isabela el cual me gusta, pero el gasto esperado puede arruinar mi libertad de hippie desaparecerá en pañales sucios y noches sin dormir, soy un perezoso por no querer tener hijos a la edad de 56 años, soy un egoísta cuando el mundo esta sobre poblado, tenemos a la China en cada esquina de todos los países, también tengo ésta creencia hindú que si usted tiene un hijo estás pegado a la rueda de la vida por lo menos antes de que su alma se liberé (ven como volteo las creencias religiosas para acomodar mis metas tan egoístas, no como carne pero si uso cuero) yo no creo que Diana sabe como le va a cambiar la vida si fuera madre es como mirar una joven jugar con una muñeca, sólo que ésta muñeca es demasiado cara y llena de compromisos en la vida y una tonelada de problemas en los años de adolescentes ¿ soy un miedoso o un progresista?

Sí su reloj biológico esta sonando pero ella debe de anclar primero; por que tener un hijo en el mar cuando la isla de la seguridad económica y la estabilidad profesional podría ser un puerto de prosperidad, no creo que sea muy inteligente desear por lo que no se tiene además deseaba la clase de esposa que tengo y Diana cumple casi todo si no es todo lo que un hombre desea, puedo ver cual atractiva es ella para otros aunque su lado malo es su inocencia y la falta de valiosa experiencia; lo que me hace sentir a mi más como padre que como amante, a ella no la construyeron en el mismo molde en el que a mi me construyeron, me toca acordarme de esto siempre, el dichoso ángel y el complicado demonio vienen a tocar mi puerta, el demonio es el trabajo duro y las responsabilidades, la vida no siempre son vacaciones en Costa Rica.

Estuvimos lavando ropa la mayor parte del día como el clima es tan húmedo todas las sabanas y la ropa se llenan del horrible olor a moho, la máquina lavadora se daño por eso fuimos a la casa de José a usar su lavadora, yo fui porque Diana le dio pena ir a la casa sin ser antes invitada, él estaba en el trabajo y aproveche como loco, necesitábamos una secadora más que nada pero él no tenía una, nuestro apartamento era un mar de sabanas y ropa por todas las partes imaginables, pusimos a funcionar todos los ventiladores, las secaremos las pondremos en bolsas plásticas y esperamos que la próxima vez el apartamento no huela a una fabrica de moho, Eric nos dijo que abriéramos la ventana un poquito lo que haré cuando nos vayamos el domingo en la noche en el bus de las cinco.

Me fascina éste lugar, adoro estar con mi esposa y mi buen amigo José, no hay nada para quejarse pero encontraré algo de todas formas, es casi media noche y quiero expandir todos los minutos de estas vacaciones, siempre me trasnocho cuando estoy aquí.

Ultima nota antes de irme, hoy es el día de los inocentes cada año en este día los periódicos escriben historias falsas, graciosas y ficticias había oído hablar de esto hace unos años atrás, ellos se burlan de la prensa imprimiendo noticias sin sentido de eventos que nunca pasaron y la gente se burlan de los otros es como el día de los tontos en abril; José llamó a una amiga hoy y le preguntó si sabía ¿quién estaba en el hospital? Ella se asustó toda y José le dijo que la llamaría después, él colgó antes que pudiera decir quién estaba en el hospital minutos después él la llama y le dice "hola" y la mujer le pide que por favor le diga quién está en el hospital después de estar preocupada por unos minutos él contesta "pues los doctores, las enfermeras y los pacientes todos están en el hospital" yo me reí mucho del chiste, José vino esa noche a comer y la misma mujer llamó a decirle que la llevará al hospital porque tenía mucho dolor de muela salió a ayudarla pero se dio cuenta que fue víctima de una inocentada, ésta es la clase de gente de acá que mantiene la vida amable y agradable.

Conocimos un hombre americano mientras montábamos nuestra bicicletas ayer su nombre era Will me gustó su camiseta y le dije "me gusta su camiseta" me dijo " déjeme preguntarle algo" su hijo se la había traído de Bali él empezó a contarme una historia larga la cual no le entendí mucho porque él me contó con lujo de detalles del mal trato y de la cuenta muy cara en un restaurante local; en la calle yo tengo muy poco tiempo para conocer la gente, parecía honesto, la conversación cambio cuando me preguntó por los sitios turísticos en Costa Rica, él también era maestro de cuarto y quinto grado en un pueblo llamado Fall Mill River en California, me gusto de inmediato, Diana se paró detrás de mi mientras hablábamos por cinco minutos.

Tarde en la noche estábamos caminando de regreso en la heladería a comprar nuestro Te Che esta es una bebida de canela con cardamomo, tenemos el habito de ir a esta tienda y ordenar ésta bebida fría que viene del cielo, a veces ni comemos para poder tomar ésta bebida por la cual nos enloquecemos, nos encontramos a Will de nuevo, el estaba con se esposa   Mary, ellos también salieron en la noche caminando en la calle principal como Jaco es tan pequeño uno se encuentra con la gente varias veces en el día, esta vez Will tenía puesta una camiseta blanca, Mary estaba caminando con él y empezamos a hablar, Will nos sugirió ir a tomar un jugo de frutas a alguna parte entonces nos fuimos para un taberna local y nos sentamos en una sillas grandes hechas de madera sólida muy gruesa, Mary es una profesora jubilada de preescolar, ella es alta, atractiva y muy irlandesa.

Nos sentamos como por una hora a hablar; Mary y Diana se entendieron ahí mismo mientras Will y yo continuamos nuestro dialogo, tenemos mucho en común, le dije que tenia un espíritu amable, teníamos muchas historia de la vida en común, los invitamos a almorzar después de que los llevamos a nuestro condominio y le mostramos a ellos donde era que vivíamos, al día siguiente en la tarde llegaron a la casa, Will llevó su ukulele y cantó una canción que él compuso era muy agradable y pegajosa, era una canción sobre su hijo.

Durante el almuerzo me contó lo especial de ser padre, casi me convence, fue muy especial conocer gente nueva, espero verlos en este verano en Europa, ellos tienen un boleto aéreo gratis para Europa por ceder su puesto en un viaje, me alegré que Diana tuviera una nueva amiga y fue posible tener una nueva conexión con una mujer, es muy importante para ella, Mary me dijo que si Diana tuviera un hijo conmigo nunca me dejaría, es una forma graciosa de tratar de convencerme pero estoy más interesado en que ésta relación sea bien sólida en otros aspectos, la economía de la pareja es muy importante para mi.

 Les canté la canción que le escribí a Diana en nuestro día de bodas les conté como estaba ella de distraída cuando le canté el día de la boda pues ella no entendía mucho inglés cuando ella llegó, ella nos contó que la mujer que le puso las pestañas postizas le sugirió no llorar mucho por eso Diana parecía de piedra mientras yo derramaba mi corazón con esta canción, me acuerdo como el ministro miró a Diana en forma de no creerlo también nadie sabia que ella no entendía lo que yo estaba cantando, no me he dado cuenta de lo difícil que ha sido para ella y se lo he dicho antes, pensé que le estaba dando las llaves del cielo en vez ésta adorable mujer estaba pasando por un infierno, Mary nos contó cual difícil fue el primer año de su matrimonio ella nos contó que si no hubiera sido por los papeles de la residencia ella se hubiera ido, sé que a veces Diana se sentía igual de frustrada, ella se aguantaba todas mis rabietas, en mi defensa sólo pude decir que fue lo mismo de difícil pasar por todos esos cambios de una, pero no había otra forma de hacerlo, los dos compartíamos el brinco de fe de Kierkegaard y a pesar de todo pudimos sobrevivir todos.

De un modo literal y simplístico el matrimonio es como hacer el amor toma tiempo decirle a tu pareja que hacer para satisfacerte más y donde tocar para hacerlo más efectivo por otro lado a mi me ha tocado curarme, me sentí muy violado después de la última relación que aunque han pasado tres años todavía estoy tratando de controlar un poco de enojo que me quedó, tal vez el enojo se ha regresado hasta mi niñez, renacemos y nos curamos nosotros mismos con tener una relación con otros, lo mejor para seguir en la vida es encontrar una nueva pareja y construir una vida juntos, creo que no somos personas completas a menos que encontremos un significado con los otros, sí también creo que la persona tiene que ser completa y feliz con ellos mismos para poder encontrar el verdadero amor, de verdad es como un proceso de malabarismo donde nosotros nos balanceamos con el acto de amar a otros y a nosotros mismos.

Regresamos a Nueva York hoy, la vida tiene unos milagros inexplicables, conocí en el aeropuerto a el vice-director de un distrito escolar que tiene la misma población estudiantil en el que yo trabajo, nos sentamos a lado de él en el aeropuerto y empezamos a conversar de la vida en los pueblos vecinos, fue bueno conocer una persona que es un educador y discutir algunas de las cosas agradables y desagradables de nuestro trabajo, se llamaba Bob, dijo de como las escuelas en Long Island son muy segregadas por culpa del dinero, lo llamé "segregación económica o apartheid al estilo americano" porque las escuelas están basadas en los impuestos a la propiedad y hay una gran injusticia en la distribución de una educación igual, la diferencia en fondos para la educación varían mucho de pueblo a pueblo; un distrito escolar rico puede estar localizado cerca de un distrito pobre, en América esto es una de las últimas grandes vergüenzas, una herida oculta pues no damos la misma oportunidad cuando los que no tienen viven claramente viendo demasiada riqueza y no tienen alcance a ésta.

Cuando estábamos en el área de abordaje nos preguntaron por cuatro voluntarios y nos ofrecieron un vale de doscientos dólares fui a la recepción sólo para ver si aumentaban el valor del vale no lo hicieron y muy pronto estábamos abordando el avión y me senté junto a una dama que era maestra de fotografía en un distrito (adinerado) local, nuestra conversación se baso en el currículo pero hable de la gran diferencia de fondos hablamos por lo menos por una hora, estaba encantado de haberme encontrado con una maestra en los últimos tres días , esta vez encontré a una persona discutiendo en contra de mis puntos de vista, tuvimos un creativo desacuerdo sobre el currículo y que enseñar, por eso me gusta viajar el viajar me pone en contacto con aquellos que necesito hablar, la franqueza que está presente es muy valiosa y energizante.

Hubieran pasado muchos años y no hubiera podido conocer a Will, Bob y Clare (la maestra de fotografía) aún así en cuestión de días tuve la oportunidad de conectarme y desahogarme de unos sentimientos acumulados, sí me gusta desahogarme con extraños y me hacen sentir humano de nuevo; hay un problema en mi trabajo ahora, después de ocho años de salir afuera con mis estudiantes la administración ha sellado la puerta bajo el pretexto de la seguridad para los estudiantes, les han negado la oportunidad de experimentar la naturaleza mientras son educados, es muy ridículo pero cierto, no sólo el jefe de seguridad me enfrentó delante de mis alumnos por dejar la puerta sin seguro sino que el director sello la puerta indefinidamente pues él sabía que mis alumnos han estado saliendo por muchos años a tomar fotos, me he reunido con el representante del sindicato pero aparte de la disculpa del jefe de seguridad por haberme gritado inapropiadamente la puerta sigue sellada al menos tuve la oportunidad de por lo menos compartir esto con otros profesionales y dejar salir mi ira, le conté ésta extraña historia a la maestra de fotografía y dijo: "necesitas la luz solar para enseñar fotografía" me siento como si enseñará en una prisión.

En el tren que nos regresó a nuestro carro hablamos con dos hombres de Holanda, me fascinan éstos encuentros espontáneos y breves, estos hombres hablaban en su idioma natal, Diana y yo tratábamos de descifrar su idioma ¡holandés! Esto abrió una conversación de cinco minutos cuando por fin les pregunte si estaban hablando danés o ¿qué? los hombres manejaban camiones que llevan carga en contenedores por toda Holanda, uno de los hombres le preguntó a Diana si era soltera y ella les explicó que yo era su esposo, esto es muy común casi siempre son hombres la ven a ella y tratan de hacer una conexión, yo estaba hablando con el otro hombre por eso el otro hombre le preguntó a ella muy sutilmente, sé que soy muy viejo como para ser su padre, pero me impresiona en que piensan los hombres cuando le pregunta a alguna mujer en compañía de otro hombre si pueden salir juntos. Hay un taxista en Jaco que habla con Diana mientras nos llevaba a casa de la ferretería, el ha tratado de invitarla a salir, es muy chistoso para mi, pero Diana se siente insultada no es que yo me esté riendo de ella, no soy su cuidandero, muchos hombres piensan que tienen que poner su relación en una jaula para protegerla, el hombre latino es muy posesivo, si no están con una mujer son muy coquetos, mirándolo de una manera decente, muchas veces la conversación es en español y yo no estoy poniendo mucho cuidado a lo que dicen, realmente pienso que los hombres desesperados actúan con desesperación cuando ellos son tan descarados, ellos no saben que ser caballeroso es más importante que mirar a los ojos de otra mujer también se que los celos matan cualquier relación, esta clase de cosas han pasado hasta en los Estados Unidos, no se si debo de tomar el rol de el macho protector usualmente veo a estos hombres actuar como estúpidos luego muy amablemente entro en la conversación para pararlos.

Nuestro viaje de ocho días terminó con manejar a casa y un

baño tibio, necesitábamos relajarnos después de un viaje en avión, prendimos la televisión y vimos a "Shrek" me dormí con mi cabeza en las piernas de Diana, ahora horas después no puedo dormir, Diana se despertó con suficiente tiempo para desearme un feliz año nuevo, rezamos y nos dimos las gracias a cada uno de nosotros, los juegos pirotécnicos de afuera marcaron al comienzo de lo que sé será un año maravilloso con una mujer maravillosa. Nueva nota: Estamos de regreso en Nueva York, estuvimos en Costa Rica por una semana, esta primera semana aquí en casa en los Estados U nidos ha sido una semana muy dura, mi punto es que ayer hizo una semana que estábamos acostados bajo una palmera y nos dormidos con el viento caliente creo que éste no es un buen punto de referencia porque la vida no es estar acostado debajo de un árbol de palma todo el día, éste fin de semana fuimos a cine dos veces, las dos tenían finales tristes y deprimentes, una era de un niño en Afganistán llamada "El elevador de cometas" fuimos a ver la segunda película a la siguiente noche así pudimos firmar los papeles del seguro de vida de Diana, nos vimos con nuestros amigos después de la película y antes de una comida rápida su esposa es de Afganistán, nos conocimos en mi iglesia hace muchos años porque por pura coincidencia su profesora de inglés en Afganistán era novia mía, muchos años y millas después nosotros tres creamos una nueva amistad, el esposo de la mujer afgana fue al que le compramos el seguro de vida de Diana.

Diana me contó antes de casarnos que sus amigas le advirtieron a ella que no comprara un seguro de vida, había una historia que había estado circulando en Colombia sobre un hombre americano que aseguró a su esposa y luego la mató para cobrar el dinero, una serie de preguntas de Diana y una explicación en este asunto me irritó mucho, luego Diana le pregunto a la mujer afgana "¿Hay algún problema de que Dennis no quiera hijos?" esto lo hizo mucho más tensionante, por supuesto, yo entiendo que uno necesita saber lo que está firmando, y cada uno de los detalles pero el asunto de los bebés se pondrá peor si ella insiste en este asunto, ella cree que la gente con bebés son los únicos que compran seguros de vida.

AMOR POR INTERNET: ASI CONOCI A MI ESPOSA

Yo nunca tuve ningún seguro hasta hace pocos años, las pólizas son mínimas, el resto de mi dinero (ha, ha) está invertido en fondos mutuos para la jubilación, Diana me dijo ésta mañana que ella no quiere ningún dinero después de mi muerte y quiere que yo cambia el beneficiario en mi seguro para su sobrina; esto me encolerizo mucho más, cuando tuvimos el susto de su problema en el seno de Diana me empecé a preocuparme sobre la muerte y el pensamiento realístico que a mi me tocaría pagar por el funeral, el problema del seno se solucionó y se terminaron mis preocupaciones pero un seguro de vida es tonto, hay perversión y comodidad en la seguridad que viene con el seguro de vida , paga morirse.

Algunos puntos de vista de Diana son egocéntricos algunos otros no son muy sofisticados además muchos de ellos en su corazón son correctos porque su inocencia es pura; cómo trabajo éstas diferencias es algo muy importante, si me enojo es muy destructivo, si me defiendo es contra producente, cuando Diana es débil y llora yo quiero una respuesta instantánea y esto no trabaja, yo todavía soy su beneficiario, pero ella me pidió que le diera algún dinero a su madre si ella llega a morir seguro que así será. Después de las vacaciones en Costa Rica yo he estado muy deprimido en mi trabajo y esto afecta mi conocimiento del matrimonio, la estupidez de mis estudiantes y la falta de apoyo de la administración me irritan mucho, me doy cuenta cuanta energía gastan los estudiantes, cuanta falta de dirección en sus vidas y yo me siento perdido, ellos llenan sus vidas con entretenimientos, distraen sus cinco sentidos pensando en como alcanzar el "gozo" y los administradores sólo se preocupan de ellos mismos y que controlar la escuela es más importante que ser humanos y flexibles, no me puedo recuperar el hecho que la puerta al mundo de afuera este cerrada y que mis estudiantes no puedan salir a la luz del sol y tomar una simple foto, una de las alternativas que me dieron los administradores fue que dejará que los de seguridad los llevaran a la parte de atrás del edificio, esto no tiene sentido, me siento como en una prisión y no importa lo que yo trate de hacer para pensar positivamente nada funciona y lo que empeoró más la cosa fue el comentario en forma de chiste al principio del año escolar de una de los administradores que mi matrimonio solo iba a durar dos años.

Entonces me decide a escribir como terapia para salir de ésta pesadilla, hoy vi por primer vez una vista total del libro, hay una luz fotográfica al final del túnel y puedo ver como se va a ver el libro físicamente.

No hay un final real en éste libro porque nuestras vidas juntos continuaran y tendremos muchas más aventuras, los conflictos y las alegrías son parte del flujo y el reflujo de la vida, nuestra vida juntos es muy típica y de alguna forma mundana, cuando salimos del país y estamos los veranos juntos vivo mi propia película y no es una película de Hollywood donde hay alguna violencia inventada o con un tema ridículo de intriga, suspenso y traición; como mucha gente trabajamos duro y tenemos momentos alegres, como muchos otros hemos creado una unión que es simple y muy maravillosa para compartir, hemos comprado los pasajes para ir a Europa el verano próximo, será nuestro último verano juntos antes de que Diana terminé sus estudios, Diana tiene un trabajo el próximo otoño en una compañía en Nueva York la cual había aplicado hacia tres años, en las ultimas semanas Diana ha pasado su examen de conducir y yo he trabajado en la depresión que causa mi trabajo, algún día espero que Diana escriba el contrapunto a éste libro y cuente su punto de vista en ésta historia de amor, no hay final, en efecto Diana se llevo el carro hoy y manejo sola por primera vez.

AMOR POR INTERNET: ASI CONOCI A MI ESPOSA

www.ingramcontent.com/pod-product-compliance
Lightning Source LLC
LaVergne TN
LVHW051049080426
835508LV00019B/1780